WOZU BRAUCHT DAS KLO 'NE BRILLE?

MARTIN VERG

WOZU BRAUCHT DAS KLO 'NE BRILLE?

Mit Illustrationen von Miriam Kaiser

EDEL
KIDS BOOKS

INHALT

IM BADEZIMMER

IN DER KÜCHE

 # NACHMITTAGS

IM FLUR

IM GARTEN

IM KELLER

 ABENDS

IM WOHNZIMMER

IM ESSZIMMER

ZURÜCK IM KINDERZIMMER

VORWORT

WILLKOMMEN ZU HAUSE!

IN 100 FRAGEN DURCH DIE EIGENEN VIER WÄNDE

Du liebst überraschende Phänomene? Du hast keine Angst, erstaunlichen Rätseln auf den Grund zu gehen? Dann bist du hier genau richtig: in den eigenen vier Wänden.

Ganz recht, man muss weder in den Dschungel noch ins Weltall, weder in die Tiefsee noch ins Hochgebirge, um Abenteuer zu erleben. Im Gegenteil, die größten Überraschungen und die verrücktesten Fragen des Lebens finden sich oft direkt vor der eigenen Nase.

Glaubst du nicht? Doch, glaubst du! Spätestens, wenn wir uns am Ende der nun folgenden 160 Seiten wieder sprechen.

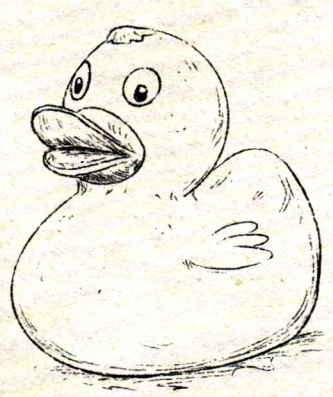

Du musst dich nur darauf einlassen: Schließe die Augen, atme einmal tief durch. Dann öffne deine Augen wieder – und versuche ab jetzt alle Dinge so zu betrachten, als würdest du sie das allererste Mal sehen: Die Zahnbürste ist nur ein Stück Plastik? Die Zahnbürste ist eine geniale Erfindung, die sich über die Jahrhunderte auch ziemlich verändert hat (Seite 39). Oh … sie ist außerdem ein Paradies für Bakterien und Pilze (Seite 37). Genau wie dein Handtuch. Oder der Badeschwamm. Wusstest du eigentlich, dass der mal gelebt hat – und ich meine nicht, weil er vor allem aus Bakterien und Pilzen bestand (Seite 40)?

In neun Kapiteln bereisen wir neun Orte, die es so oder ähnlich in den meisten Haushalten gibt. Los geht's am Morgen in deinem Kinderzimmer, von dort weiter ins Bad, dann zum Frühstück in die Küche. Während du darüber liest, warum ein Kühlschrank eigentlich eine Heizung ist (Seite 54), kannst du ja mal einen neugierigen Blick hineinwerfen: Ist da irgendwo Geld versteckt? Wäre gar nicht ungewöhnlich, wie du auf Seite 53 erfahren kannst …

Weiter geht's! Es folgen der Flur, der Garten, der Keller. Dorthin gehst du vielleicht nur, wenn es sein muss. Weil dort die Waschmaschine steht oder eure Vorräte lagern. Ansonsten meidest du diesen meist wenig einladenden, oft dunklen und muffigen Teil des Hauses vermutlich. Verständlich! Aber immer noch besser, als würdest du bloß zum Lachen hinuntersteigen. Das wäre kein gutes Zeichen (Seite 96).

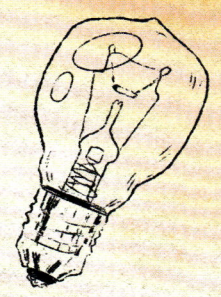

Wenn sich der Tag Richtung Abend neigt, erforschen wir das Wohn- und Esszimmer. Da geht es dann zum Beispiel um das schwierige Verhältnis von Ohrwürmern und Kaugummi (Seite 117). Apropos Kaugummi: Was ist eigentlich dein Lieblingsessen? Überlege dir mal deine drei Favoriten – und dann mach den Vergleich: Bist du auf einer Linie mit der Mehrheit aller Kinder in Deutschland (Seite 125)?

Am Ende, nach ganz genau 100 Stationen, landet unsere Expedition wieder dort, wo sie begonnen hat: im Kinderzimmer. Zeit, langsam ans Schlafengehen zu denken. Wobei ich dir dringend empfehlen möchte, vorher noch mal in ein Buch zu schauen. Denn Lesen macht nicht nur Spaß, Lesen macht auch schlau. Das ist für dein Gehirn wie Joggen für die Beine (Seite 142). Eine Leseempfehlung brauchst du natürlich nicht mehr, die hältst du ja schon in den Händen … viel Spaß dabei!

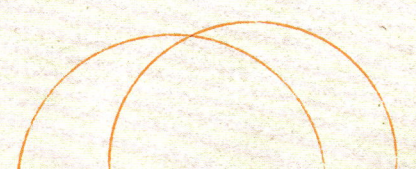

MORGENS

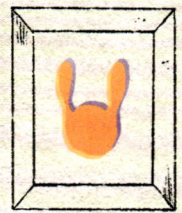

IM KINDERZIMMER

Morgens halb sieben: Der Wecker klingelt mal wieder viel zu früh und holt dich aus dem Tiefschlaf. Hattest du nicht eben noch so einen aufregenden TRAUM? Schon vergessen, dir ist nur eine Ahnung im Kopf geblieben. Aber auch für die ist jetzt keine Zeit, denn du musst den Tag beginnen – und das tust du natürlich wie ein Vollprofi: Blick aus dem FENSTER und Wetterlage checken. Dann SCHUBLADEN auf, Klamotten raus und anziehen. Du weißt schließlich, wenn du das in Rekordtempo erledigst, ist vielleicht noch ein Moment Zeit zum Spielen, ehe du aus dem Haus musst. Dein Blick fällt aufs SPARSCHWEIN: Ach ja, nicht vergessen, ein paar Münzen einzustecken. Du bist nach der Schule vielleicht noch zum Eisessen verabredet …

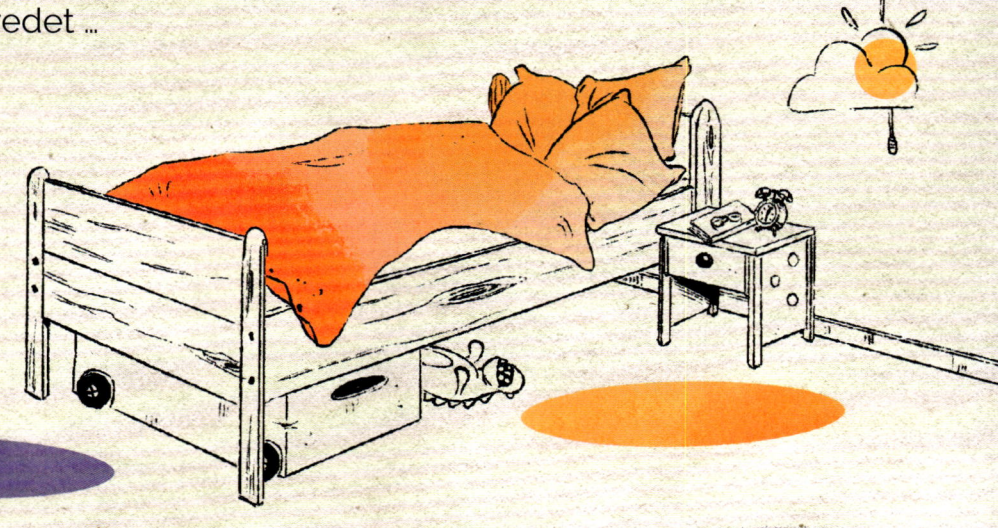

WECKER, SCHUBLADE, SPARSCHWEIN: Das sind nur ein paar der Stichwörter, um die es auf den kommenden Seiten gehen wird. Ich wünsche dir eine spannende Entdeckungsreise. Wir treffen uns dann hinterher im Bad. Zähne putzen und so!

Und du kannst derweil auch gern mal kurz innehalten und dich am großen Ganzen freuen: dem **ZIMMER** selbst. Nicht überall auf der Welt haben Kinder einen Raum nur für sich. Und auch bei uns war das die längste Zeit eine große Ausnahme. Noch im Jahr 1952 – also als viele eurer Großeltern Kinder waren – hatte ein Drittel aller Zehnjährigen nicht nur kein eigenes Zimmer. Die schliefen nicht einmal im eigenen Bett, sondern mussten es mit ihren Geschwistern teilen.

SEIT WANN KLINGELN WECKER?

Schon die **ALTEN ÄGYPTER** wollten genauere Zeitangaben machen können als: „Wir sehen uns bei Sonnenaufgang!" Sie entwarfen unter anderem die ersten **WASSERUHREN**. Die funktionieren so, dass Wasser gleichmäßig von einem Gefäß in ein anderes tropft oder fließt. Dieses zweite Gefäß hat Markierungen wie ein Messbecher – nur dass sie eben angeben, wie viel Zeit vergangen ist. Die **GRIECHEN** und **RÖMER** verfeinerten das Prinzip und konstruierten Wasseruhren, bei denen Glocken ausgelöst wurden, hatte das Wasser eine bestimmte Höhe erreicht. Dann wusste man: Wenn's bimmelt, muss ich aufstehen. Aber natürlich waren diese Apparate auch nicht für unterwegs geeignet.

TRAGBARE UHREN gibt es erst seit ungefähr 500 Jahren. Die konnten sich damals **NUR DIE REICHSTEN** leisten. Dass auf jedem Nachttisch ein Wecker steht, ist also ziemlich modern.

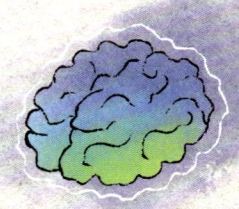

WARUM VERGISST DU SELBST DIE SCHÖNSTEN TRÄUME?

Wer kennt es nicht: Du träumst von einer tollen Party unter Palmen mit allen deinen Freunden. Aber kaum aufgewacht, ist jede ERINNERUNG daran weg. Einfach ausradiert! Wie kann das sein? Und warum kann man sich an manche Träume erinnern und an andere nicht?

Wenn du schläfst, nutzt dein Oberstübchen die Ruhe, um die Eindrücke des Tages zu verarbeiten. Im Schlaf wechseln sich UNTERSCHIEDLICHE PHASEN ab: Mal fällst du in TIEFSCHLAF und träumst eher weniger. In anderen Phasen arbeitet dein Gehirn wie wild, und du erlebst jede Menge TRÄUME. Ob du dich am nächsten Tag daran erinnern kannst, hängt aber von etwas anderem ab: ob du zwischendurch aufwachst.

KLINGT KOMISCH, aber die meisten von uns werden nachts mehrfach wach, ohne es zu merken. Forscher vermuten, dass in dieser Zeit die Träume im Gehirn gespeichert werden. Und wer häufiger wach wird, kann sich später beim Frühstück eher daran ERINNERN.

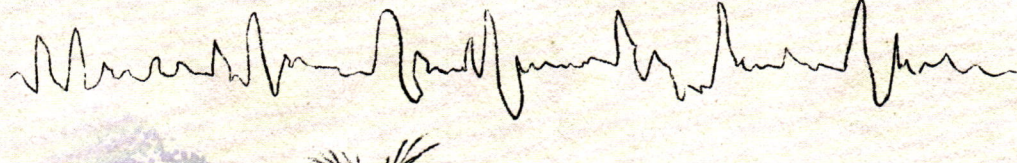

WESHALB SOLLTE DICH JEDER BLICK AUS DEM FENSTER FREUEN?

Die Sonne geht auf! Du streckst dich, springst aus dem Bett, willst voller Tatendrang das Fenster aufreißen und den Tag begrüßen … aber da ist gar kein Fenster. Also schon irgendwie eine Öffnung nach draußen. Doch davor ist ein Tuch gespannt. Oder es gibt Läden aus Holz. Aber jedenfalls KEIN GLAS. Komische Vorstellung? Willkommen in der gar nicht so weit entfernten VERGANGENHEIT!

Bis vor ungefähr 400 JAHREN war Fensterglas purer Luxus. Das gab es in Kirchen und vielleicht mal in dem ein oder anderen Palast. Bei normalen Leuten hingegen? Absolute Ausnahme! Aus England ist ein Fall überliefert, wo ein Mann seiner Frau das Haus vermachte, dessen Glasscheiben aber seinem Sohn. So wertvoll waren sie.

Heutzutage eine ziemlich schräge Vorstellung! Denk mal drüber nach, wenn du das nächste Mal aus dem Fenster guckst – oder versehentlich mit dem Fußball ein Loch hinein- schießt … Peng, dahin ist das Erbe!

IST GLAS WIRKLICH FEST?

Stell dir vor, du willst voller Tatendrang den Tag begrüßen – vergisst aber, das **FENSTER** vorher zu öffnen: **BUMM, ZACK** … Beule auf der Stirn. Und da fragt ernsthaft noch jemand, ob Glas fest ist? Ja! Denn auch wenn es Glasscheiben gibt, die sogar noch viel widerstandsfähiger sind als die in deinem Zimmerfenster – denk etwa an das Panzerglas vor Bankschaltern oder den gläsernen Boden in manchen Gebäuden:

Für **CHEMIKER** ist das Material, aus dem diese Scheiben bestehen, deshalb noch lange kein Feststoff. Dann nämlich hätten, vereinfacht gesagt, die chemischen Bestandteile im Glas alle ihren festen Platz. Sie sind aber ständig **IN BEWEGUNG**. Fast wie in einer Flüssigkeit.

Aber eben auch nur fast. Denn die **BEWEGUNG** erfolgt langsam. Sehr langsam. Unfassbar langsam! Und erst an ihrem Ende, wenn jedes **TEILCHEN** seine endgültige Position gefunden hat, sind auch die Chemiker zufrieden und das Glas ein **ECHTER FESTSTOFF**. Allerdings hat mal jemand ausgerechnet, wie lange so etwas dauert: 44 Billionen Mal so lange, wie die Erde existiert.

WER HAT DIE SCHUBLADE ERFUNDEN?

Zugegeben, die Erfindung von Rad, Papier oder Computer haben die Menschheit nachhaltiger verändert. Trotzdem kannst du ja mal kurz innehalten, wenn du das nächste Mal die SOCKENSCHUBLADE aufziehst – und dich freuen! Warum?

Im SPÄTEN MITTELALTER kam ein Mensch auf die geniale Idee, dass man Kleidungsstücke auch anders aufbewahren kann als in einer TRUHE. So hatte man es bis dahin nämlich jahrtausendelang getan.

Jahrtausendelang hat man sich aber auch darüber geärgert. Weil man auf eine Truhe nichts drauflegen kann. Oben ist schließlich ihr DECKEL. Was für ein Fortschritt, einfach einen Kasten nach vorn rausziehen zu können!

WARUM KRIEGEN SCHWEINE TASCHENGELD?

Du kannst dein Taschengeld aufbewahren, wo du willst. Auf einem Bankkonto oder unterm Kopfkissen. Die meisten aber stecken es nach wie vor in eine Spardose und hier vor allem in deren häufigste Form: das SPARSCHWEIN. Warum eigentlich?

Der Brauch reicht tatsächlich bis ins MITTELALTER zurück. Damals gehörte ein Schwein oft zum wertvollsten, was eine Bauernfamilie besaß. Man musste gut dafür sorgen, damit es möglichst dick und fett würde. Dann konnte man es schlachten und hatte in den langen, kargen WINTERN ausreichend zu essen.

Im übertragenen Sinne tun wir dasselbe noch heute mit unseren SPARSCHWEINEN: sie immer gut FÜTTERN – und am Ende SCHLACHTEN!

WIE VIELE KLAMOTTEN LIEGEN IN DEINEM SCHRANK?

Eine Untersuchung der Umweltorganisation GREENPEACE hat ergeben, dass jeder Erwachsene in Deutschland durchschnittlich 95 KLEIDUNGSSTÜCKE besitzt – Unterwäsche und Socken nicht mitgezählt. Ganz schön viel. Einen Grund dafür kennst du sicher von dir selbst. Denn auch in deinem Schrank liegen vermutlich Klamotten, die du eigentlich nie anhast. Weil der Pulli kratzt, die Jacke eine doofe Farbe hat.

Greenpeace fand heraus, das Erwachsene jedes fünfte Stück im Kleiderschrank nie anziehen. Noch einmal so viele kommen höchstens viermal im Jahr zum Einsatz. Und das, kritisieren die Umweltschützer zu Recht, ist eine Riesenverschwendung!

WAS KÖNNEN WIR VON DER KLEIDERLAUS LERNEN?

Noch vor 100 Jahren hätten die meisten Menschen dir einen Vogel gezeigt, wenn du ihnen erzählt hättest, dass du 95 Kleidungsstücke besitzt – so ein Irrsinn, das braucht doch niemand!

Aber wie weit müsste man die Uhr eigentlich zurückdrehen, um Leute zu treffen, die nicht ein einziges Kleidungsstück haben? An der Antwort rätseln Forscher schon lange herum. Mindestens 40.000 Jahre glauben die einen. Man hat Nähnadeln aus Knochen gefunden, die in etwa so alt sind. Quatsch, viel länger, sagen die anderen. Bevor unsere Urahnen Nähen lernten, haben sie sich gegen die Kälte einfach in **FELLE, GRAS ODER BLÄTTER** gehüllt. Nur was heißt viel länger? Rund 170.000 Jahre. Das haben genetische Untersuchungen an Läusen ergeben.

Dabei ist nämlich herausgekommen, dass ungefähr vor 170.000 Jahren eine neue Art entstand: Aus der berüchtigten Kopflaus entstand damals die **KLEIDER-LAUS**. Muckelig warm unterm Mantel aus Mammutfell konnte sie den restlichen Menschenkörper erobern, wo ihre Cousine Kopflaus niemals hingelangt wäre.

SEIT WANN ZIEHEN WIR UNTERHOSEN AN?

Vom knappen Schlüpfer bis zu schlabbrigen Boxershorts – Unterhosen gibt es heute in allen nur denkbaren Farben und Formen. Bestimmt hast du auch deine Favoriten! Weil sie vielleicht besonders COOL aussehen. Oder weil sie sich besonders ANGENEHM tragen. Da entscheidet jeder anders. Einigkeit herrscht eigentlich nur darüber, dass man a) eine Unterhose trägt und sie b) regelmäßig wechselt. Weil alles andere unhygienisch wäre.

Allerdings müssen wir nicht sehr tief in die Geschichte ein-tauchen, schon sieht die Sache anders aus. Und zwar ganz anders! Bis weit ins 19. JAHRHUNDERT hinein trugen weder Männer noch Frauen Unterhosen, wie wir sie kennen. Die Damen zogen zwar eine Art BEINKLEIDER unter ihre Röcke. Die aber bestanden meist aus zwei Teilen – eines für jedes Bein. Alles dazwischen blieb frei. Vorteil: Die Teile mussten nicht so oft in die Wäsche. Die Herren fingen immerhin irgendwann an, eine Art LANGE UNTERHOSE zu tragen.

Schlüpfer und Boxershorts, wie sie heute unsere Schubladen füllen, kamen vor gerade mal 100 Jahren auf – mit der Erfindung des Gummizugs einerseits, andererseits mit der Waschmaschine.

WARUM TRAGEN JUNGS KEINE KLEIDER UND RÖCKE?

Schon komisch: Dass Mädchen Hosen anziehen, ist das normalste der Welt. Spätestens, seit eure Großeltern klein waren. Aber Jungen in Kleidern?

Tatsächlich gab es das lange Zeit (früher mal) und gibt es bis heute (nur nicht bei uns)! Ungefähr vom 16. BIS 19. JAHRHUNDERT war es in den besseren Kreisen hierzulande völlig normal, dass JUNGS, bis sie sechs Jahre alt wurden, LANGE KLEIDER samt Schürzen trugen.

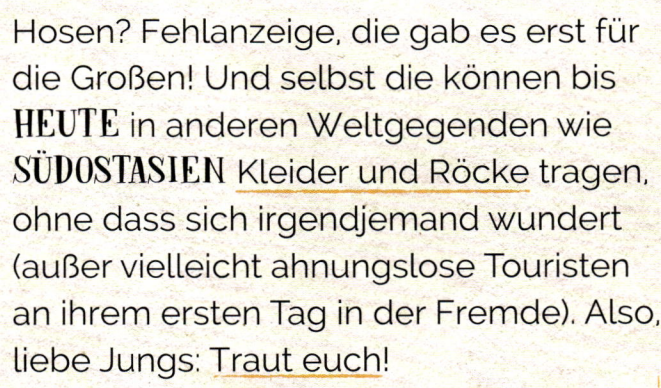

Hosen? Fehlanzeige, die gab es erst für die Großen! Und selbst die können bis HEUTE in anderen Weltgegenden wie SÜDOSTASIEN Kleider und Röcke tragen, ohne dass sich irgendjemand wundert (außer vielleicht ahnungslose Touristen an ihrem ersten Tag in der Fremde). Also, liebe Jungs: Traut euch!

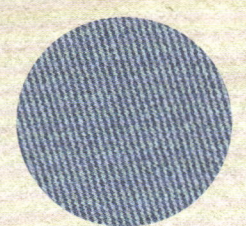

WIE KOMMT DIE JEANS ZU IHREM NAMEN?

Egal, ob du lieber Skinny, Boyfriend oder Bootcut trägst, lässig sind Jeans alle irgendwie, oder? Erste Jeans waren aber nicht modisch, sondern **PRAKTISCH**. Der weltweite Siegeszug der derben Arbeiterhosen begann in Kalifornien. Als ihre Erfinder gelten Jacob Davis und der deutsche Auswanderer **LEVI STRAUSS**. Letzterer machte vor 150 Jahren ein Vermögen damit, diese robusten Hosen an Goldgräber zu verkaufen.

Bei der Suche nach geeignetem Material, das sowohl haltbar als auch günstig war, stieß er auf einen festen Baumwollstoff, der aus der italienischen Hafenstadt **GENUA** stammte.

UND JETZT KOMMT ES: Genua auf Englisch spricht man „dschenoa" aus, auf Französisch Gênes - „dschenn". Aus dem Namen des Stoffes wurde der Name der Hose, aus „dschenn" wurde „dschiens". Zack, fertig.

Wobei ... noch nicht ganz, die Geschichte hat noch einen Schlenker: Angeblich saßen damals in der französischen Stadt Nîmes Weber, die das Vorbild aus Genua zu kopieren versuchten. Mit Erfolg – so viel Erfolg, dass **DENIM** bis heute ein anderer Name für Jeansstoff ist: **DE NÎMES** heißt schlicht „aus Nîmes".

WAS GEHÖRT IN TASCHE FÜNF?

Schätzfrage: Wie viele **TASCHEN** hat eine Jeanshose? Natürlich gibt es keine hundertprozentig richtige Antwort, die auf alle Hosen zutrifft, tatsächlich aber sind es in sehr vielen Fällen genau fünf. Zwei hinten, zwei vorn. Und dann noch so eine winzig kleine vorn rechts. Darum heißen diese Hosen auch **FIVE POCKET JEANS**, die Hosen mit den fünf Taschen.

Die **FÜNFTE TASCHE** ist dir vielleicht schon mal aufgefallen, weil du versehentlich den Daumen reingesteckt hast und er dann dort festklemmte. Oder dein Taschengeld reingerutscht ist und nicht wieder herauskommen wollte.

Genau so sinnlos, wie es klingt, ist die Tasche tatsächlich – heutzutage. Als vor rund 150 Jahren die ersten Jeanshosen genäht wurden, war das anders. Damals trugen die Leute ihre Uhr nämlich nicht am Handgelenk, und Handys gab es natürlich auch nicht. Die meisten hatten stattdessen **TASCHENUHREN** dabei. Und wo bewahrte man die am besten auf? Genau: In einer kleinen, feinen und gut geschützten Tasche. Da die Taschenuhren an einer **KETTE** hingen, ließen sie sich gut herausziehen.

WIE VIEL SPIELZEUG BESITZT JEDES KIND?

Eine Studie in den USA hat vor einigen Jahren ergeben: Im Durchschnitt nennt jedes Kind **71 SPIELSACHEN** sein Eigen – mit großen Ausschlägen nach oben und unten: Jede zehnte Familie gab an, dass die Kinder bei ihnen sogar **MEHR ALS 200 SACHEN** besäßen. Irre, oder?

Im Einzelfall hängt das natürlich von vielen Dingen ab: Wie alt bist du? Wie viele Geschwister gibt es? Oder auch nur: Wie oft sortierst du eigentlich den Kram weg, aus dem du längst rausgewachsen bist?
Erziehungsexperten empfehlen schon lange, Kinder nicht mit zu viel Zeug zuzuballern. Weil das zum Beispiel die Entwicklung von Fantasie und Kreativität behindern kann. Die **SPIELWARENINDUSTRIE WÄCHST** trotzdem seit Jahren fröhlich immer weiter. Zuletzt gaben die Menschen in Deutschland über dreieinhalb Milliarden Euro im Jahr für Spielzeug aus. Computer- und Konsolenspiele übrigens nicht mitgezählt. Mit denen verdoppelt sich die Summe sogar auf mehr als sieben Milliarden Euro. Das ist mehr, als manches Land der Welt insgesamt erwirtschaftet!

IM BADEZIMMER

Du bist angezogen? Prima, dann auf ins Bad. Wahrscheinlich musst du mal aufs **KLO**. Ganz sicher solltest du die **ZÄHNE PUTZEN** und auch sonst ein bisschen Wasser an den Körper lassen. Ratzfatz per Waschlappen oder unter der warmen **DUSCHE**? Geschmackssache. Und natürlich eine Frage der Zeit, die du dir morgens dafür nimmst.

Apropos Zeit: Auf dieser Station deiner Reise durch den Haushalt erfährst du auch, wie viel Zeit deines Lebens du zum Beispiel mit der **ZAHNPFLEGE** verbringst. Solltest du denken: oha, ganz schön lange! Wie viele Level meines neuen Handyspiels könnte ich in der Zeit durchzocken!

Dann kann ich nur erwidern: Freu dich lieber! Dass ein eigenes Klo und fließendes Wasser in den eigenen vier Wänden für uns normal sind, ist ein echter FORTSCHRITT und ein großer LUXUS. Die längste Zeit der Menschheitsgeschichte gab es das nicht. Und selbst heute ist es in vielen Weltgegenden alles andere als selbstverständlich.

WIE VIEL LEBENSZEIT VERBRINGST DU AUF DEM KLO?

Es soll ja kleine und große Jungs geben, die manches Geschäft im Stehen verrichten. Weil es praktisch und zeitsparend ist – Klobrille hoch, lospinkeln, fertig. Aber erstens: Dass das praktisch wäre, denkt auch nur, wer noch nie eine Toilette putzen durfte. Und zweitens: Eine Umfrage ergab, dass MÄNNER trotzdem mehr Zeit auf dem stillen Örtchen verbringen als Frauen. Vielleicht blättern sie länger in Zeitschriften, lesen Comics oder fummeln am Handy.

So oder so, insgesamt sitzt du knapp ACHT MONATE deines Lebens auf dem Klo.

Und ob du's glaubst oder nicht, viele beneiden dich darum! Laut einem Bericht der Weltgesundheitsorganisation WHO haben rund vier Milliarden Menschen, also gut die Hälfte der Weltbevölkerung, keinen Zugang zu einer Toilette. In vielen Regionen ein Riesenproblem, weil durch die UNHYGIENISCHEN ZUSTÄNDE immer wieder Krankheiten ausbrechen.

WARUM BRAUCHT DAS KLO EINE BRILLE?

Keine Toilette ist kurzsichtig, genau genommen braucht kein Klo eine Brille. Trotzdem tragen die meisten eine. Und das tun sie für uns: Die **SITZFLÄCHE AUS KUNSTSTOFF** oder Holz hat allerdings nur die Form mit der Sehhilfe gemeinsam. Sie soll verhindern, dass wir direkt auf der Keramikschüssel Platz nehmen müssen. Denn die ist oft **UNANGENEHM KALT**.

Und auf öffentlichen Toiletten auch oft nicht so wahnsinnig sauber. Dabei ist der besondere Clou der Brille, dass man sie hochklappen kann. Das erleichtert das Putzen. **ERFUNDEN** wurden Klobrillen und -deckel – wie wir sie kennen – übrigens erst **IM 19. JAHRHUNDERT**. Sie hielten gemeinsam mit der Wasserspülung Einzug in unsere Häuser und Wohnungen. Bis dahin gab es, wenn überhaupt, nur Plumpsklos.

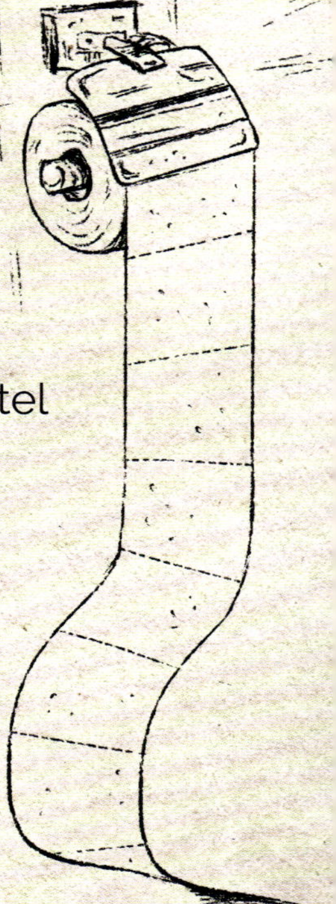

WIE VIEL KLOPAPIER VERBRAUCHT EIN MENSCH?

Der Industrieverband für Körperpflege und Waschmittel hat es ausrechnen lassen, das Ergebnis:

In **DEUTSCHLAND** sind es im Durchschnitt **46 ROLLEN IM JAHR**. Würdest du sie abwickeln und hintereinanderlegen, entspräche das einem knappen Kilometer.

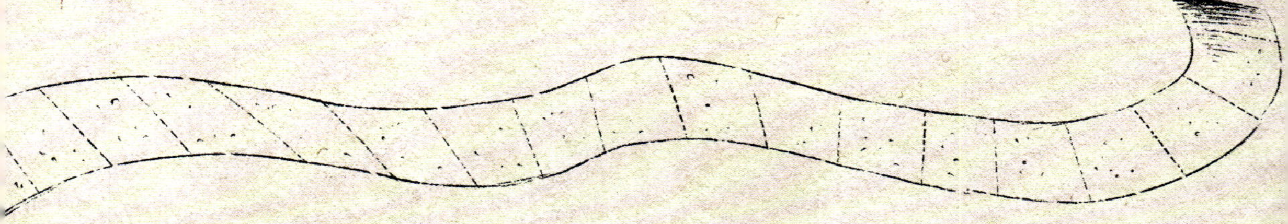

Wobei das natürlich davon abhängt, welche Art Papier du benutzt. In den **USA** zum Beispiel ist Klopapier meist dünner als bei uns, daher kommen dort mehr Meter zusammen. Allerdings könnte das auch einen anderen Grund haben. Während die meisten Deutschen das Papier vor dem Einsatz falten, wird in Amerika eher geknüllt.

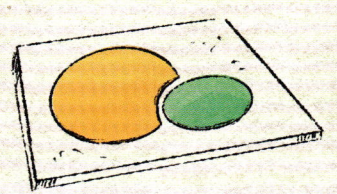

WO TUMMELN SICH DIE MEISTEN BAKTERIEN?

Im Badezimmer ist es gern **FEUCHT** und **WARM**, der ideale Brutplatz für **BAKTERIEN** und andere Mikroorganismen. Aber wo machen sie sich breit? Weil alle glauben, die Kloschüssel wäre der Höllenschlund jeder menschlichen Behausung, gehört sie zu den bestgeputzten Orten. Ganz anders sieht es da schon an dem Knopf oder **SCHALTER** aus, den du **ZUM SPÜLEN** betätigst. Der wird beim Sauber-machen gern übersehen. Dabei betatschen wir den, noch bevor wir eine Chance hatten, uns nach erfolgreichem Geschäft die Hände zu waschen.

Sehr wohl fühlen sich Bakterien auch in **HANDTÜCHERN** und Waschlappen. Anders als der Toilettensitz bleiben die nämlich richtig lange feucht, nachdem man sie benutzt hat.

Doch am übelsten sieht es an dem Ort aus, den selbst Mikrobiologen „extrem" nennen – auf der **ZAHNBÜRSTE**! Daher der Expertenrat: immer gut trocknen, alle Zahnpasta-Reste entfernen und nach spätestens drei Monaten austauschen.

WARUM SCHIEBEN WIR UNS KREIDE UND MARMOR IN DEN MUND?

Im Märchen überlistet der Wolf die Geißlein, indem er Kreide schluckt und dadurch eine hellere Stimme bekommt. In Wahrheit ist das Quatsch. Mit deiner Stimme geschieht überhaupt nichts, wenn du Kreide kaust. Höchstens, dass du husten musst.

Trotzdem schiebt sich jeder von uns zweimal täglich **KREIDE** oder sogar Marmor zwischen die Backen – nämlich gemahlen als wichtigster **BESTANDTEIL VON ZAHNCREME**.

Verteilt von den Borsten deiner Zahnbürste, reibt der sogenannte Putzkörper wie feinstes Schmirgelpapier den Belag von den Beißern.

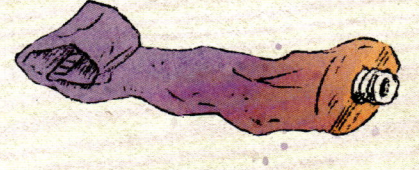
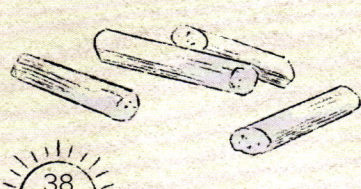

SEIT WANN PUTZEN WIR ZÄHNE?

Was Leute so alles ausrechnen! Etwas mehr als 100 Tage deines Lebens verbringst du hoffentlich mit ZÄHNEPUTZEN. Und falls du jetzt denkst: wie bitte, so viel? Falsch gedacht! Ginge es nach deiner Zahnärztin, dürften wir nämlich gern noch mehr Lebenszeit damit zubringen. Viele putzen ja gerade mal eine Minute statt der empfohlenen drei! Die verbringen dann auch nur gut sechs Wochen Lebenszeit damit.

Aber immerhin: Die allermeisten putzen. Und zwar mit BÜRSTEN. Auf die gesamte Geschichte der Menschheit gesehen eine ziemlich moderne Angelegenheit. Jahrtausendelang knabberten die Leute bestenfalls auf Zweigen herum, um ihre Kauleisten zu pflegen.

Erst um das Jahr 1500 kam ein findiger CHINESE auf die Idee, aus Bambus und Schweineborsten das erste Gerät zu basteln, das zumindest entfernt an eine Zahnbürste erinnert.

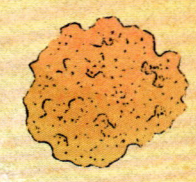

WIE ALT IST DEIN SCHWAMM?

Bei der Körperpflege scheiden sich die Geister. Die einen duschen, die anderen baden lieber. Manche schwören auf Waschlappen, andere mögen das wohlige Gefühl, wenn man die Haut mit einem **BADESCHWAMM** abrubbelt. Aber was ist das eigentlich, ein Badeschwamm? Im Gegensatz zu den billigen Spülschwämmen aus Kunststoff, die beim Küchenabwasch zum Einsatz kommen, sind Badeschwämme – Achtung: Wortwitz! – waschechte Naturprodukte.

Forschende haben in den Ozeanen rund um den Globus schon rund 8.000 verschiedene Arten entdeckt. Manche winzig klein, andere doppelt so groß wie du. Einige sehen aus wie Unterwasser-Kakteen, andere wie Kartoffeln oder Strohhalme.

Schwämme gehören zu den Lebewesen, die das **HÖCHSTE ALTER** erreichen können. Ein Exemplar im Südpolarmeer hat wahrscheinlich schon über **10.000 JAHRE** auf dem Buckel. Das war schon hochbetagt, als in Ägypten die Pyramiden gebaut wurden.

Wenn ein Schwamm dann doch mal stirbt, bleibt nur sein Skelett zurück. Richtig: Skelett! Auch wenn man es ihnen nicht ansieht, Schwämme sind Tiere. Und was bei dir am Badewannenrand liegt, ist sozusagen ihr Gerippe.

WARUM BESCHLÄGT DER SPIEGEL?

Wenn du duschst oder badest, steigt DAMPF auf. Also nichts anderes als winzig kleine, warme WASSERTRÖPFCHEN. Sie wabern wie Nebelschwaden durch das Badezimmer.

Treffen die Tröpfchen auf kalte, glatte Oberflächen, KÜHLEN sie ab. Der Dampf wird wieder zu Wasser, er KONDENSIERT. Und der Spiegel spiegelt nicht mehr, weil ein flüssiger Film darauf liegt. Der bleibt dort, bis du die Scheibe trocken gewischt hast oder das Wasser verdunstet ist.

Es gibt allerdings Möglichkeiten, das Beschlagen zu verhindern. Eine ist, beim Duschen für ordentlich Luftzug zu sorgen oder danach den Spiegel zu FÖHNEN. Die andere ist weniger bekannt: VOR DEM DUSCHEN den Spiegel mit einem trockenen Stück Seife einreiben. Jetzt siehst du kaum was im Spiegel, aber keine Sorge, wenn du nun mit einem weichen Tuch drüberwischst, wird's wieder klar. Zurückbleibt eine hauchfeine Schutzschicht. Sie verhindert, dass die Wassertröpfchen Halt finden. Da die Wirkung aber mit der Zeit nachlässt, musst du den Trick mit der Seife alle paar Wochen wiederholen.

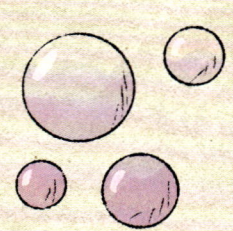

WIESO WASCHEN WIR UNS MIT SEIFE?

Achtung, ein bisschen **CHEMIE**: Seife ist ein sogenanntes **TENSID** – eine chemische Verbindung, die zwei besondere Eigenschaften hat: Sie kann die **OBERFLÄCHENSPANNUNG** des Wassers verringern. Und sie kann zwei Stoffe miteinander verbinden, die sich von allein nicht verbinden würden. In diesem Fall **FETT** und eben **WASSER**. Seifst du deine Hände unter fließendem Wasser ein, dringt dieses dank der herabgesetzten Oberflächenspannung bis in die kleinsten Hautfalten vor.

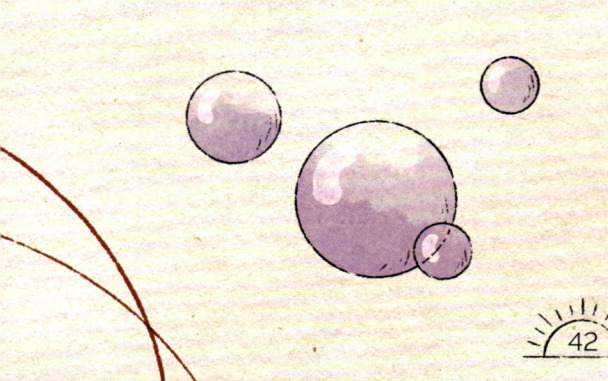

DIE SEIFENTENSIDE umschließen den gelösten Schmutz in winzigen Fettkügelchen, verbinden sich mit dem Wasser und sorgen so dafür, dass aller Dreck weggespült wird.

WAS KOSTET DIE TEUERSTE SEIFE?

Seife herzustellen, ist einfach. Im Grunde läuft es immer so: FETT wird in einer LAUGE GEKOCHT und dabei in verschiedene chemische Bestandteile zerlegt. Das Ganze findet mal vollautomatisch in riesigen Anlagen statt, mal ist es aufwendige Handarbeit. Schon das wirkt sich auf den PREIS aus. Der Seifenklotz für wenige Cent im Drogeriemarkt stammt sicher nicht aus einem kleinen, feinen Handwerksbetrieb. Auch die VERWENDETEN ZUTATEN machen einen Unterschied, Fett ist schließlich nicht gleich Fett. Man kann sündteure Pflanzenöle verwenden oder billige Nebenprodukte aus der Erdölverarbeitung. Man kann die erlesensten Duftstoffe beimengen.

MAN KANN ES ABER AUCH ÜBERTREIBEN:

Es wurde schon Seife gehandelt, die zwar hauptsächlich aus Olivenöl hergestellt war. Danach standen aber gleich Goldstaub und gemahlene Diamanten auf der Zutatenliste. Und auf dem Preisschild mehr als 3.000 EURO!

WARUM SALZEN WIR UNSERE HAARE?

Hast du jetzt ein Bild im Kopf, wie du mit dem Salzstreuer vorm Spiegel stehst und dir den Schopf würzt, als wärst du ein Frühstücksei? So ist es natürlich nicht. Und trotzdem bin ich sicher, dass deine Haare regelmäßig gesalzen werden ...

Jedenfalls wenn du zur Sorte Mensch gehörst, die SHAMPOO benutzen. Wenn das wieder an der Reihe ist, schau mal in die Liste der Inhaltsstoffe auf der Verpackung. Sehr wahrscheinlich steht da irgendwo SODIUM CHLORIDE – auf Deutsch Natriumchlorid und auf richtig Deutsch KOCHSALZ.

Und wozu das SALZ? Es hilft dabei, Shampoo oder Duschgel angenehm SÄMIG UND ZÄHFLÜSSIG zu machen. Allerdings ist nur so wenig enthalten, dass du es nicht herausschmecken würdest. Und das ist auch gut so: Zu viel Salz trocknet Haut und Haare aus. Das merkst du zum Beispiel, wenn du lange im MEER baden warst.

WESHALB SIND DIE ZUTATEN VON SHAMPOO OFT NUR AUF ENGLISCH ANGEGEBEN?

Eben war die Rede von „Sodium Chloride" im Haarshampoo. Warum schreiben die Hersteller nicht Kochsalz drauf? Weil das blöd klingt, könnte man meinen. Stimmt aber nicht. **DER GRUND IST, DASS SIE ES TUN MÜSSEN.** Seit mehr als 20 Jahren gilt in der Europäischen Union eine Richtlinie, die besagt, dass alles, was in Cremes, Seifen und Shampoos reingerührt wird, gemäß der INCI auf der Verpackung angegeben werden muss. **INCI** ist die Abkürzung für „International Nomenclature of Cosmetic Ingredients", also in etwa „internationale Bezeichnungen kosmetischer Inhaltsstoffe". Und die besagt nicht nur, dass die Reihenfolge sich danach richtet, wie viel von etwas enthalten ist.

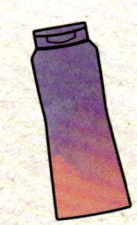

Die Hersteller haben sich auch darauf geeinigt, alle Stoffe **AUF ENGLISCH** anzugeben. Außer Pflanzen, die stehen dort mit ihrem lateinischen Namen …

Allerdings: Wer will, darf nach wie vor auch eine deutschsprachige Liste aufdrucken. Aber eben nur zusätzlich!

SEIT WANN FLIESST WASSER AUS DEM HAHN?

Ganz egal, ob dir morgens eine Katzenwäsche genügt oder deine Lebensgeister erst unter der warmen Dusche erwachen – ich wette, in keinem Fall denkst du lange darüber nach, was für ein Luxus das ist: eine Handbewegung, schon schießt WASSER AUS DER LEITUNG. Womöglich auch noch warmes. Das dürften deine Urgroßeltern anders erlebt haben. Und viel weiter muss man in der Geschichte nicht zurückgehen, schwupps ist man in einer Epoche, in der Leute dir einen Vogel gezeigt hätten bei der Vorstellung, da steckt so ein metallener Hahn in der Wand, und dreht man daran, fließt Wasser heraus. Das setzte sich erst in der zweiten Hälfte des 19. JAHRHUNDERTS allmählich durch. Wer bis dahin Wasser brauchte, ging zum nächsten BRUNNEN. Echt umständlich – und eigentlich unnötig!

WASSERANSCHLÜSSE in der Wohnung sind nämlich keine moderne Erfindung! Vor 2.000 Jahren gab es die schon mal in manchen Häusern. Sind leider, wie so vieles andere, mit dem Untergang des RÖMISCHEN REICHES in Vergessenheit geraten.

IN DER KÜCHE

Du bist angezogen, geschniegelt und gestriegelt? Wunderbar, dann ab in die KÜCHE zum Frühstück. Für viele Menschen liegt hier einer der wichtigsten Orte ihrer Wohnung, wo sie gern und viel Zeit verbringen. Nicht nur mit Kochen, Backen oder Braten – aber damit natürlich auch.

Es ist schon ganz schön lange her, dass unsere Vorfahren nichts zur Nahrungszubereitung hatten als ein LAGERFEUER und Lebensmittel eigentlich nur frisch verspeist werden konnten, weil es kaum Möglichkeiten gab, sie HALTBAR zu machen. Ein KÜHLSCHRANK ohne Strom? Funktioniert halt schlecht. Und Eisklötze vom nächsten Gletscher konnte sich auch nicht jeder leisten.

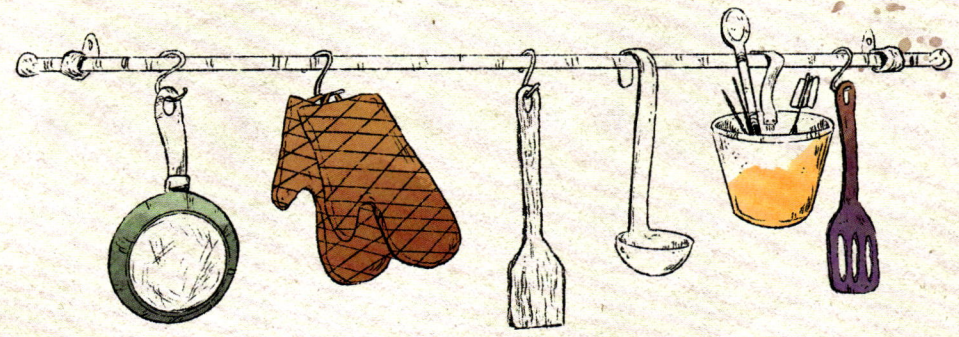

Erstaunlich dagegen, was es heute an GERÄTEN gibt und was die alles können: Herd, Ofen mit Umluft, Grill und Pizzastufe. MIKROWELLE und Dampfgarer. KÜHLSCHRANK mit Eiswürfelbereiter. Kaffeemaschine, Wasserkocher, Entsafter, Pürierstab, Handrührgerät ... Noch vor keinen 100 Jahren wäre das den Menschen wahrscheinlich vorgekommen wie die Kommandozentrale eines Raumschiffs.

Aber spannend: An einem solchen Ort gibt es eine Menge zu entdecken. Eine Kostprobe bekommst du auf den kommenden Seiten, während du dir jetzt vielleicht ein Frühstücksbrot mit Schokocreme reinschiebst. Ach ja, darum wird es übrigens auch gehen: Brot und SCHOKOCREME.

WELCHES LEBENSMITTEL WIRD NIE SCHLECHT?

Milch wird sauer, Brot schimmelt. Doch manches Lebensmittel könntest du – kühl, dunkel und trocken gelagert – für deine Urenkel aufheben, es würde noch schmecken wie am ersten Tag.

HONIG UND ZUCKER gehören dazu. Auch Salz und ebenso viele Arten **NUDELN** und **REIS**. Bei diesen kommt es darauf an, dass sie möglichst kein Fett enthalten. Weißer Reis ist daher haltbarer als Vollkornreis.

Und schließlich **WASSER**: Auch das bleibt ewig frisch, wenn man es richtig lagert – und vor allem: nicht in Plastikflaschen! Die fangen nach gewisser Zeit an sich aufzulösen, und dabei können gewisse chemische Stoffe ins Wasser gelangen. Besonders dann, wenn die Flasche längere Zeit in der Sonne steht. Daher solltest du es nicht mehr trinken, sobald das aufgedruckte Haltbarkeitsdatum erreicht ist. Bei einer **GLASFLASCHE** ist das egal!

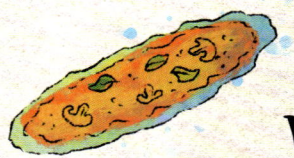

WAS MACHT DER EISKLOTZ IM KELLER?

Es gibt viele Wege, Lebensmittel haltbarer zu machen. Man kann sie **TROCKNEN, SALZEN, EINLEGEN, RÄUCHERN** oder **IN KONSERVENDOSEN** luft- und lichtdicht einschließen. Die heute vielleicht gängigste Methode ist aber das Kühlen. Eine Welt ohne Tiefkühlpizza oder auch nur frische Milch? Für viele unvorstellbar!

Aber fragt mal eure Großeltern, ob die mit Kühlschrank groß geworden sind. In Deutschland wurden die praktischen Geräte tatsächlich **ERST VOR RUND 70 JAHREN** so erschwinglich, dass jede Familie sich eines leisten konnte. Wer vorher etwas zu kühlen hatte, konnte nur hoffen, eine Ecke im Keller zu haben, die sich auch im Sommer nicht aufheizte.

Im 19. Jahrhundert leisteten sich manche feinen Leute auch sogenannte **EISSCHRÄNKE**: Dick gepolsterte Holzkisten, in denen tatsächlich ein Eisklotz für die nötige Abkühlung sorgte – bis er geschmolzen war. Weil man diese Blöcke ohne Kühlgeräte nicht künstlich herstellen konnte, bestanden die übrigens aus **NATÜRLICHEM EIS**, das im Winter mühsam aus gefrorenen Seen gehackt oder aus den Bergen herangekarrt wurde.

WARUM MÖGEN GURKEN KEINEN FROST?

Lebensmittel bleiben länger **FRISCH**, wenn man sie **KÜHLT**. Denn je niedriger die Temperatur, desto langsamer vermehren sich Bakterien oder Schimmelpilze, die Gemüse, Käse und Co. ungenießbar machen.

Trotzdem solltest du **NICHT ALLES EINFRIEREN**, um es vor Fäulnis und Verderben zu bewahren. Manches Lebensmittel verträgt das nicht. Das gilt vor allem für **OBST** und **GEMÜSE**, die viel Wasser enthalten. Wenn dieses friert, entstehen **WINZIGE EISKRISTALLE** und zerstören die Struktur von Kartoffel und Gurke, Melone oder Salat. Nach dem Auftauen bleibt dann nicht viel mehr als Matsch zurück.

Auch **KOHLENSÄUREHALTIGE GETRÄNKE** wie Limonade oder Sprudel sind nach dem Einfrieren nicht mehr dieselben: Weil sie sich stark ausdehnen, wenn Eis daraus wird, sprengen sie ihre Flaschen. Es sei denn, du möchtest direkt aus dem Tiefkühlfach trinken, solltest du es also lieber bleiben lassen.

MUSS MAN GELD KÜHLEN?

Natürlich nicht! Trotzdem liegen allein in Deutschland **MILLIONEN EURO** wortwörtlich auf Eis. Laut einer Umfrage bunkert jeder Deutsche im Schnitt **MEHR ALS 1.300 EURO** zu Hause statt auf dem Bankkonto.

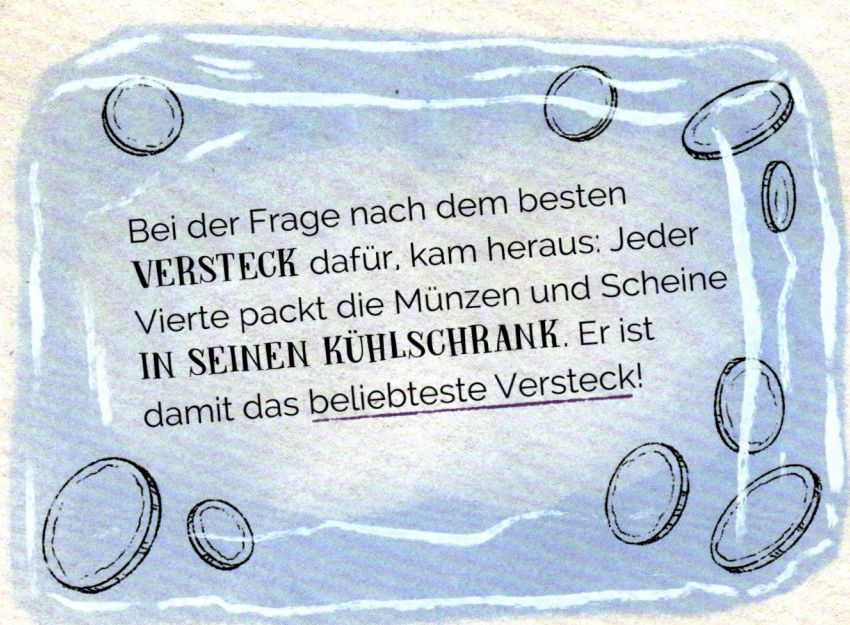

Bei der Frage nach dem besten **VERSTECK** dafür, kam heraus: Jeder Vierte packt die Münzen und Scheine **IN SEINEN KÜHLSCHRANK**. Er ist damit das beliebteste Versteck!

Weitere Orte sind z. B. die Sockenschublade oder der Kleiderschrank, der Geschirrschrank, der Platz unter der Matratze, Vorratsdosen oder der Spülkasten der Toilette. So raffiniert das scheint: Diese Umfrage kennt natürlich auch jeder Einbrecher …

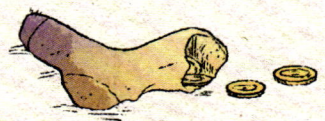

WIESO HEIZT EIN KÜHLSCHRANK?

Ein brüllend heißer Sommertag, Abkühlung muss her! Wie wäre es, du setzt dich vor die geöffnete Kühlschranktür? Kurze Antwort: nicht hilfreich! Denn dadurch verwandelst du das Gerät in eine regelrechte HEIZUNG:

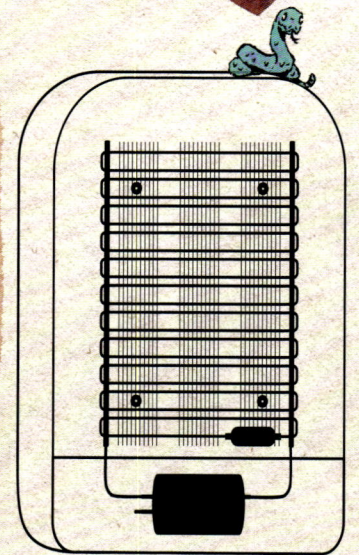

Durch ein kleines Schlangenlinien-Rohr im Kühlschrank fließt unaufhörlich ein spezielles KÜHLMITTEL. Anfangs ist es sehr kalt, daher kann es im Innern des Gerätes Wärme aufnehmen. Diese leitet es nach außen und gibt sie hier – hinter dem Kühlschrank – an die Luft ab, die dadurch wärmer wird. Dann wird das Mittel wieder runtergekühlt – und das Ganze beginnt von vorn.

Ein KÜHLSCHRANK ist in der Regel so eingestellt, dass in seinem Innern ACHT GRAD herrschen. Steht nun die Tür offen, steigt die Temperatur natürlich in Nullkommanichts. Und das Kühlmittel muss immer schneller immer mehr Wärme abtransportieren. Ergebnis: In der Küche wird es wärmer. ALSO: Schnell die Tür zu!

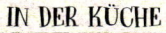

WER BRAUCHT DIE MEISTEN HASELNÜSSE?

Anders gefragt: Was isst du zum Frühstück? Einer der beliebtesten Brotaufstriche – zumindest bei Kindern – ist seit Jahrzehnten NUSS-NOUGAT-CREME. Und zwar nicht nur bei uns: Der Weltmarktführer Ferrero muss jedes Jahr 365.000 Tonnen Nutella herstellen, um alle Leckermäuler der Erde bedienen zu können. Das ist so viel, wie knapp 1.000 voll beladene Jumbojets wiegen! Oder anders gesagt: Sage und schreibe jede vierte Haselnuss, die auf der Erde wächst, wird zu der süßen Creme verarbeitet!

KANN MAN MIT KAKAO BEZAHLEN?

Na klar! Biete deinem Kumpel einen leckeren
SCHOKOTRUNK und frage ihn, ob er dir dafür bei
den Hausaufgaben hilft. Schon hast du aus Kakao
ein Zahlungsmittel gemacht. Wobei: Ein echter
Freund hätte dir natürlich auch so geholfen.

Tatsächlich aber waren die **BOHNEN
DER KAKAOPFLANZE** einst wirklich
als Geld im Umlauf. Die **MAYA** und
später die **AZTEKEN** in Mittelamerika
verwendeten sie so, wie wir mit
Münzen zahlen.

Kein Wunder: Erhielten Münzen bei uns früher
ihren Wert dadurch, dass sie aus edlen Metallen
wie Silber und Gold bestanden, waren Kakaobohnen
in Amerika ein kostbares Gut. So **KOSTBAR**, dass
zwar jeder damit zahlen durfte – sie zu verspeisen,
war hingegen nur Adligen und Kriegern erlaubt.

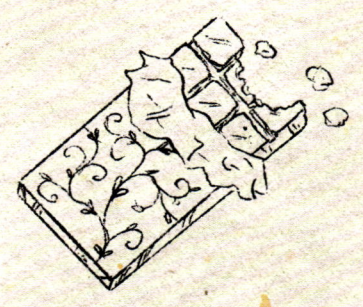

GIBT ES ERDBEERMARMELADE?

Hä? Wirst du jetzt denken, was für eine Frage! Aber stopp: MARMELO ist der portugiesische Name der Quitte. Sie wird schon seit Jahrhunderten mit Zucker eingekocht und auf diese Weise haltbar gemacht – wie viele andere Früchte auch.

Doch es war die Marmelo und keine andere Frucht, die zum NAMENSGEBER des süßen Brotaufstrichs wurde. Interessant – und lustig! Denn streng genommen kann man aus Quitten keine Marmelade herstellen. Auch nicht aus Erdbeeren oder Himbeeren. So jedenfalls hat es die Europäische Union beschlossen. Es gibt nämlich eine KONFITÜRENVERORDNUNG.

Nach dieser Verordnung muss eine MARMELADE AUS ZITRUSFRÜCHTEN hergestellt werden, also aus Orangen oder Zitronen. Was du dir aufs Frühstücksbrot schmierst, ist aus EU-Sicht KONFITÜRE. Das ist ein süßer Aufstrich aus Beeren, Äpfeln, Pflaumen oder Aprikosen. Oder GELEE, wenn es nicht aus Früchten, sondern aus Fruchtsaft hergestellt wurde. Tatsächlich hat sich die Konfitüre in unserem Sprachgebrauch aber kaum durchgesetzt. Wir sprechen nach wie vor von Erdbeermarmelade.

WARUM GÄBE ES OHNE BROT KEINE STÄDTE?

Unsere Vorfahren zogen einst als JÄGER UND SAMMLER durch die Lande. Erlegten hier ein Mammut, pflückten dort ein paar Beeren. Oder sie knispelten die Körner aus den Ähren von Gräsern. Daraus konnte man nämlich NAHRHAFTEN BREI bereiten. Und wenn sie ihn auf einen heißen Stein am Feuer legten, buk er sogar zu einer Art BROT. Allerdings war das Körnersammeln ziemlich aufwendig. Doch das änderte sich vor rund 11.000 Jahren grundlegend: Damals begannen Menschen in der Weltgegend, die wir heute NAHER OSTEN nennen, GETREIDE anzubauen.

GETREIDEANBAU – was für eine Revolution! Statt ständig auf Nahrungssuche unterwegs sein zu müssen, konnte man nun stets am selben Ort bleiben. Nein, man musste es sogar, um sich um seine FELDER zu kümmern. Die ERSTEN SIEDLUNGEN wurden gegründet. Und der Grundstein für die Entstehung von Städten war gelegt. Denk ruhig mal dran, wenn du dir das nächste Mal eine Buttersemmel zwischen die Kiemen schiebst.

WAS HAT DIE MIKROWELLE MIT WAFFENTECHNIK ZU TUN?

Okay, dass du dir schon zum Frühstück irgendetwas in der MIKROWELLE aufwärmst, ist eher unwahrscheinlich. Aber da wir gerade in der Küche sind: Wusstest du, dass wir den Mikrowellenherd der RÜSTUNGSINDUSTRIE und einem GROSSEN ZUFALL verdanken?

Es war im Jahr 1945, als ein Ingenieur des amerikanischen Waffenherstellers Raytheon an einer RADARANLAGE herumwerkelte. Plötzlich hatte er so ein seltsames Gefühl. Als er in seine Tasche griff, fand er den Grund: Der Schokoriegel darin war geschmolzen! Einfach so. Einfach so? Natürlich nicht! Ursache war die STRAHLUNG DES RADARS. Sie hatte das Wasser im Riegel erhitzt.

Statt sich zu ärgern, sah der Mann gleich die Möglichkeiten, die sich daraus eröffneten: Wie genial wäre es, einen OFEN zu bauen, der Speisen in Nullkommanichts brühend heiß werden ließ! Schon zwei Jahre später war Raytheons ERSTE MIKROWELLE auf dem Markt. Ein großer Erfolg wurde dieses Modell jedoch nicht. Es war rasend teuer – und mit fast 350 Kilogramm Gewicht auch nicht wirklich für den Hausgebrauch geeignet. Erst ab den 1960er-Jahren entstanden allmählich unsere heutigen handlichen Mikrowellen ...

DÜRFEN EIER SCHWIMMEN?

Kurze Antwort: na klar! Nur solltest du sie dann nicht mehr unbedingt essen. Aber von vorn. Stell dir vor, du hast Lust auf ein Frühstücksei. Doch der Eierkarton steht seit einer gefühlten Ewigkeit im Kühlschrank, das Mindesthaltbarkeitsdatum ist kaum lesbar. **KURZUM**: Du bist dir echt nicht sicher, ob der Inhalt wirklich noch genießbar ist.

Kein Problem, mach einfach den **FRISCHE-TEST**: Lege das **EI** in ein Glas kaltes Wasser.

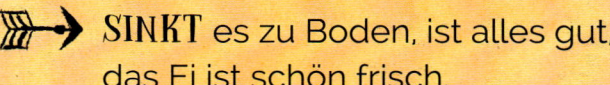

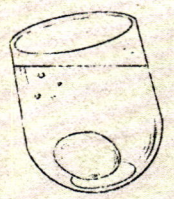

→ **SINKT** es zu Boden, ist alles gut, das Ei ist schön frisch.

→ **RICHTET ES SICH AUF**, hat es seine besten Tage hinter sich, ist aber noch okay.

→ Steigt es **WIE EIN KORKEN** an die Wasseroberfläche, ist es schlecht, und du solltest heute lieber eine Scheibe Brot mehr essen.

Was ist passiert? Durch die Eierschale **VERDUNSTET** mit der Zeit **FLÜSSIGKEIT**, stattdessen breitet sich im Innern des Eis immer mehr **LUFT** aus.

NACHMITTAGS

IM FLUR

Schule aus, du gehst nach Haus' – und stehst als Erstes im **FLUR**. Oder in der **DIELE**. Im **GANG**? Vielleicht auf dem **KORRIDOR**? Puh! Für diesen ersten Raum hinter der Haus- oder Wohnungstür gibt es im Deutschen eine ganze Menge Namen, fast jede Region hat ihren eigenen. Und zwar schon ewig. Oft gehen die Bezeichnungen auf die ursprüngliche Bauweise der Häuser in der jeweiligen Gegend zurück. Flur kommt vom althochdeutschen **FLUOR**, das Boden bedeutet. So wie in „Wald und Flur". Und es spricht dafür, dass man sich hier einst mit dem nackten Erdboden als Untergrund begnügte. Dielen hingegen besaßen wahrscheinlich eher Holzböden. Jedenfalls ist Diele auch ein Wort für Brett.

Und was gibt es hier so, im Flur oder auf der Diele? Na, als Erstes musst du mal die <u>Haus- oder Wohnungstür</u> öffnen. Oder **KLINGELN**. Und dann begrüßt dich dahinter vielleicht dein Hund oder die Katze? Sehr wahrscheinlich steht im, äh … Flurdielengang auch eure **GARDEROBE**. Um all diese Dinge und noch einige mehr wird es auf den nächsten Seiten gehen. Viel Spaß bei der Erkundung. Und wenn du fertig bist, sehen wir uns im **GARTEN**!

WELCHEN SCHLÜSSEL KANN MAN NICHT VERLIEREN?

Schule aus, du gehst nach Haus' – und stehst jetzt schon wieder vor der eigenen Wohnungstür. Nur noch ein Dreh mit dem Schlüssel im Schlüsselloch trennt dich von den eigenen vier Wänden. Genial, oder? Dass so ein kleines Stück Metall darüber entscheidet, wer hineingelangt und wer nicht!

ERSTE TÜRSCHLÖSSER gab es wohl schon UM 5000 VOR CHRISTUS. Besonders praktisch waren die aber nicht. Die Schlüssel dazu konnten gut und gern so lang wie ein Arm sein! IMMERHIN: So etwas verliert man nicht leicht. Die waren aber auch sicher nicht dazu gedacht, sie ständig mit sich herumzutragen. Das wurde erst möglich, als die Schlösser immer kleiner und feiner wurden.

Die heute häufigste Form, das sogenannte ZYLINDERSCHLOSS, wurde im Jahr 1848 patentiert.

Aber vielleicht ist auch das schon wieder ein Auslauf-modell. Inzwischen gibt es immer mehr elektronische Systeme, die per FINGERABDRUCK oder IRIS-SCANNER die Tür entriegeln. Praktisch: Finger oder Augen hast du schließlich immer bei dir!

WARUM HEISST DIE TÜRKLINGEL SO?

Solltest du deinen Schlüssel mal vergessen haben, kein Problem: Dafür gibt es vermutlich auch bei dir zu Hause eine **TÜRKLINGEL**.

Geniale Erfindung: Jahrtausendelang stehen Menschen schon vor verschlossenen Türen. Klopfen, Bollern, Brüllen - bringt leider wenig, wenn deine beste Freundin im dritten Stock wohnt. Das hört die nicht. Also fingen kluge Köpfe irgendwann an, Lösungen für dieses Problem zu suchen. Eine erste bestand in einem System aus Drähten oder Schnüren. Zog der Besucher vor der Tür daran, läutete beim Besuchten eine **GLOCKE**.

Vor knapp 200 Jahren erfand der angesehene Physiker **JOSEPH HENRY**, Gründer und Präsident der amerikanischen Akademie der Wissenschaften, dann endlich eine **ELEKTRISCHE VARIANTE**. Die Drähte und Schnüre wichen Stromkabeln. Die **GLOCKE** konnte fortan noch in der letzten Ecke eines Gebäudes installiert werden.

Und **HEUTE**? Sprechen wir noch immer von Türklingeln, obwohl es nur noch selten eine echte Klingel ist, die schellt. Oder wie ist das bei dir zu Hause? Wahrscheinlich piept es, summt oder spielt eine lustige Melodie. **ELEKTRONISCH** erzeugt wie der Klingelton in deinem Telefon, in dem natürlich auch längst keine metallene Klingel mehr steckt.

HALLO?

WANN KOMMEN EINBRECHER AM LIEBSTEN?

Ängstliche Zeitgenossen sichern ihre Haus- oder Wohnungstür nicht nur mit einem Schloss, die fahren gleich eine ganze Latte an Riegeln, Bolzen und Ketten auf. Nachts wird dann zusätzlich die Alarmanlage aktiviert. Und wenn es in den Urlaub geht, vielleicht noch eine Zeitschaltuhr, die die Lampen an- und abstellt. So soll es von außen wirken, als wäre immer jemand zu Hause. Ganz schön viel Aufwand. Erst recht, wenn man bedenkt, dass die meisten **EINBRECHER** gar nicht im Schutze der Dunkelheit unterwegs sind – sondern am **HELLLICHTEN TAG!**

Fast zwei Drittel aller Wohnungseinbrüche passieren zwischen 8 und 18 Uhr.

Allerdings auch das immer seltener. Die Zahl der Einbrüche hat sich seit der Jahrtausendwende beinahe halbiert. Das liegt aber weniger daran, dass die Leute ihre Wohnungen immer besser sichern. Der Grund ist vielmehr, dass Einbruch seit einigen Jahren deutlich härter bestraft wird. Kriminalexperten vermuten, das wirke tatsächlich so **ABSCHRECKEND**, dass die Verbrecher es lieber in unseren Nachbarländern versuchen, wo man glimpflicher davonkommt, selbst wenn man erwischt wird.

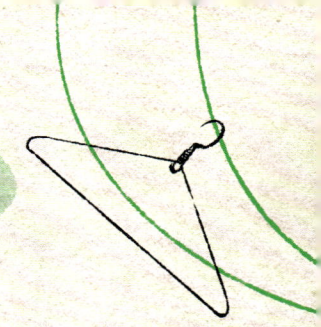

WOHER HAT DIE GARDEROBE IHREN NAMEN?

Wir erzählen unsere Geschichten mit Sprache. Doch die Sprache selbst kann uns auch Geschichten erzählen. Dass du und ich heute so viele englische Begriffe benutzen – ich sage nur: Computer, Internet, Browser. Oder Charts, Hit, Single –, mag manche Leute stören, die am liebsten reines Deutsch hören und sprechen würden.

Aber erstens: Das ist der Lauf der Dinge. Würden Apple, Google und Co. im Rheintal sitzen und nicht im Silicon Valley, würde die ganze Welt vielleicht deutsche Begriffe verwenden für alles, was mit Rechnern und Netzwerken zu tun hat. Und zweitens: So war das schon immer!

Auch **AUS DEM FRANZÖSISCHEN** zum Beispiel gibt es jede Menge Begriffe in unserer Sprache. Manche schon so lange, dass sie uns gar nicht mehr wie Fremdwörter erscheinen: Büro, Karton, Fabrik. Und natürlich die **GARDEROBE**. Das ist zusammengesetzt aus „garder", was so viel wie „aufpassen" bedeutet. Und „robe", dem französischen Wort für „Kleid".

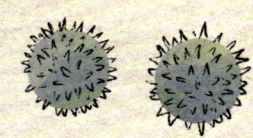

WAS HABEN HUNDE MIT DEINER JACKE ZU TUN?

Was tut man eigentlich so in einem Flur? Vermutlich verbringst du hier die meiste Zeit damit, dir Jacke und Schuhe an- oder auszuziehen. Wie viel Zeit, das hängt nicht zuletzt von deinen Jacken und Schuhen ab: Hat die Jacke Knöpfe, klemmt ihr Reißverschluss? Musst du die Schnürsenkel zu Schleifen binden?
Oder bist auch du ein Fan des Verschlusses für die ganz Eiligen? Dann bedanke dich bei dem SCHWEIZER INGENIEUR GEORGES DE MESTRAL. Und bei dessen Hund. Der brachte von seinen Spaziergängen in die Natur ebenso regelmäßig wie unfreiwillig die FRÜCHTE DER KLETTPFLANZE mit – stachlige Dinger, die im Fell des Vierbeiners hängen geblieben waren. Für die Pflanze ein schlauer Trick, um ihre Samen zu verbreiten. Für Hundehalter nervig, weil sie die Kletten mühsam aus dem Pelz pulen müssen.

Aber warum ist das eigentlich so mühsam? Unter dem Mikroskop entdeckte de Mestral WINZIGE WIDERHAKEN an den Stacheln, mit denen sich die Früchte regelrecht FESTKRALLEN können. Und zwar immer und immer wieder. Davon kann man sich doch was abgucken, fand der Forscher – und fing an, künstliche Kletten zu bauen. Mit Erfolg: Dank de Mestral kannst du Schuhe und Jacke heute per KLETTVERSCHLUSS zumachen.

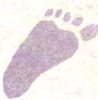

WIE LANGE HALTEN SCHUHE?

Ganz einfach: viel zu lange! Klar kann es sein, dass deine Fußballtreter nach einer Saison komplett zerspielt sind. Oder der Reißverschluss an den Winterstiefeln den Geist aufgibt. Oder du schlicht rausgewachsen bist. Dann enden die Schuhe zwar nicht selten im MÜLL. Doch ihr Leben ist damit längst nicht vorbei.

Mindestens die Sohlen enthalten oft unter anderem den Kunststoff ETHYLENVINYLACETAT (EVA) – der in der Natur erst nach Hunderten von Jahren abgebaut wird und derweil SCHÄDLICHE STOFFE von sich gibt.

Das ist sprichwörtlich ein RIESENPROBLEM, da weltweit jedes Jahr zig Milliarden Schuhe hergestellt und genauso viele wieder weggeworfen werden. Manche Hersteller haben inzwischen angefangen, EVA durch biologisch unbedenklichere Materialien zu ersetzen. Aber noch macht das leider nur einen Bruchteil aus!

WELCHE HAUSTIERE SIND AM HÄUFIGSTEN?

Wäre das nicht schön? Du kommst aus der Schule nach Hause, und hinter der Tür wartet schon schwanzwedelnd und sehnsüchtig **DEIN HUND**? Vielleicht hast du ja ein Haustier und sagst jetzt: Ja klar, so ist das! Fast jedes Kind hat sich schon mal ein Haustier gewünscht – und vielen wird der Wunsch sogar erfüllt: Fast in jedem zweiten Haushalt lebt hierzulande mindestens eines. Insgesamt liegt ihre Zahl bei rund **35 MILLIONEN HAUSTIEREN**, das sind mehr als dreimal so viele, wie es Kinder unter 14 Jahren gibt!

Die beliebtesten Mitbewohner sind **KATZEN**, gefolgt von **HUNDEN**. Das passt: Die beiden begleiten uns Menschen ja auch schon am längsten. Manche Forscher gehen davon aus, dass Hunde möglicherweise schon mehr als 100.000 Jahre mit uns zusammenleben!

WAS HILFT GEGEN HAARENDE HUNDE?

Hunde, schön und gut. Und dass wir einem von ihnen den Klettverschluss verdanken? Wunderbar! Nicht ganz so prickelnd ist jedoch der Umstand, dass die Viecher mächtig haaren. Vor allem beim HAARWECHSEL im Frühling und Herbst.

Wie gut, dass es heute eigentlich in jedem Haushalt einen STAUBSAUGER gibt.

Noch so eine Erfindung, die den Alltag deutlich erleichtert hat – nach Jahrtausenden, in denen der BESEN das einzige Werkzeug war, um Staub oder Tierhaare wegzufegen. Auf glatten Böden geht das ja sogar. Aber hast du mal versucht, einen Teppich zu fegen? Eben!

Kein Wunder, begann mit der zunehmenden Elektrisierung der Haushalte um 1900 auch die Suche nach dem idealen Staubkiller. Manche dieser Versuche waren allerdings echt abenteuerlich: Der Engländer HUBERT CECIL BOOTH hatte sich bereits als Konstrukteur des berühmten Riesenrads im Wiener Prater einen Namen gemacht, als er der staunenden Welt 1901 einen der ersten motorgetriebenen Staubsauger präsentierte. Das Ding war allerdings groß wie eine Kutsche – und musste folglich auf der Straße stehen. Von seiner RIESIGEN PUMPE wurden lange Schläuche bis ins Haus gelegt, so sollte aller Dreck abgesaugt werden. Aufwendig, teuer und – du ahnst es – wenig erfolgreich.

WORAN SOLLST DU AM FREITAG, DEN DREIZEHNTEN, DENKEN?

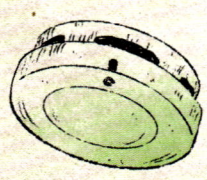

Ein- bis dreimal in jedem Jahr passiert es, dann wachst du an einem Freitag, dem Dreizehnten auf. Na und, denkst du jetzt vielleicht. Und ich auch. Aber es gibt viele Menschen, die dieses Datum für einen PECHTAG halten, an dem mit Sicherheit irgendetwas Schlimmes passiert. Kennst du auch solche Leute? Dann sag ihnen: KOMPLETTER UNSINN! An einem 13. gibt es zum Beispiel nicht mehr Unfälle als an jedem anderen Freitag. Was es dafür gibt, ist der BUNDESWEITE RAUCHMELDERTAG. Ja, richtig gehört: Jedes Jahr an einem dieser sagenumwobenen Freitage soll daran erinnert werden, dass ein RAUCHMELDER, wie er hoffentlich über deinem Kopf hängt, wenn du im Flur an die Decke guckst, Leben retten kann.

Denn: Bricht ein Feuer aus, während man schläft, kann es sein, dass einen die giftigen Gase betäubt haben, ehe man aufwacht. Da diese Gase aber erst zur Decke steigen und von dort erst langsam herunterwabern, kann der RAUCHMELDER dich alarmieren, ehe du gar nicht mehr aufwachst.

IM GARTEN

Hausaufgaben erledigt, und der ganze Nachmittag liegt noch vor dir. Was tun? Wenn die Sonne scheint, am besten in den Garten gehen. Natürlich vorher mit SONNENSCHUTZ eincremen, klar. Wie der funktioniert? Das erfährst du gleich. So wie jede Menge anderer erstaunlicher Dinge rund um die RASENFLÄCHEN, die sich um viele unserer Häuser befinden. Jedenfalls heutzutage. Rasen ist nämlich auch so eine moderne Erfindung. Und fragst du Umweltschützer, etwas vollkommen Unnatürliches. So wie BAUMHÄUSER oder GARTENZWERGE, von denen auch noch die Rede sein soll.

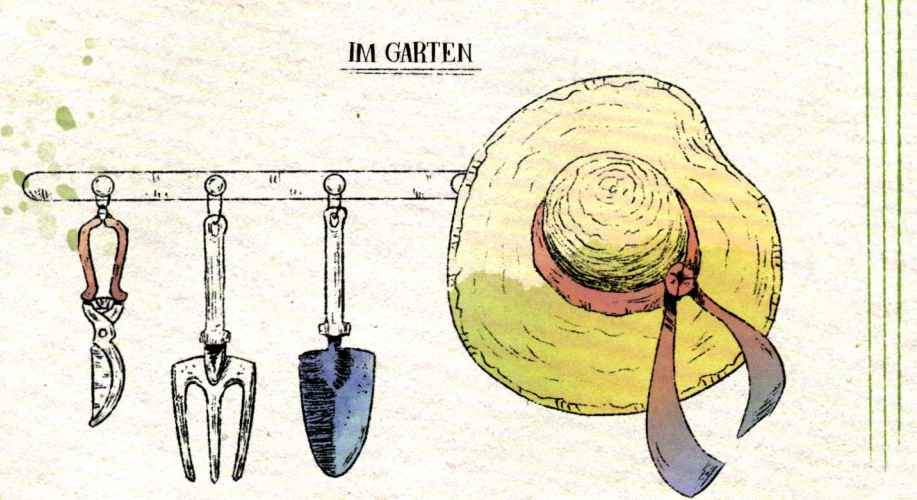

Am Garten zeigt sich aber auch eines der Probleme unserer **STÄDTE**, vor allem der großen und beliebten: Immer mehr Menschen leben hier auf immer weniger Raum. An vielen Orten kannst du beobachten, wie die Gärten der Einfamilienhäuser schrumpfen und zu Bauland für neue Häuser werden. Inzwischen taucht sogar die Frage auf, ob Einfamilienhäuser überhaupt noch zeitgemäß sind: So viel Platz für so wenige Menschen? Kann also sein, dass du dieses Buch in 20 Jahren noch einmal zur Hand nimmst – und spätestens an dieser Stelle stolperst: ein eigener Garten? Was soll das denn sein, so etwas gibt es doch schon lange nicht mehr! Das ist ja so veraltet wie Autos, die mit Benzin fahren.

WIE FUNKTIONIERT SONNENCREME?

Jahrhundertelang konnte man an der GESICHTSFARBE erkennen, wer arm und wer reich war: Arme Menschen mussten oft im Freien schuften, waren braun gebrannt, die Reichen ließen schuften, waren blass. Daher stammt möglicherweise auch der Begriff „blaublütig" für den Adel. Denn je blasser die Haut, desto blauer erscheinen die Adern darunter. Irgendwann wurde es dann aber schick, sich zu bräunen. Und zwar möglichst lückenlos. Das Problem: Je mehr nackte Haut die Leute zeigten, desto schneller kassierten sie fiese SONNENBRÄNDE. Und die tun nicht nur weh. Sie können auch krasse Spätfolgen wie HAUTKREBS nach sich ziehen. Also unbedingt Sonnencreme auftragen.

In Sonnencremes sind meist zwei Arten von Stoffen enthalten. Beide dringen nach dem Auftragen in die oberste Schicht der Haut ein, die sogenannte Hornschicht. Mit dieser zusammen bilden sie eine Art Schutzfilm gegen die SCHÄDLICHE UV-STRAHLUNG des Sonnenlichts. Die einen wirken wie winzige Spiegel, die die Strahlen einfach zurückwerfen. Die anderen sind noch raffinierter, sie können die Strahlung schlucken und in Wärme umwandeln.

ABER VORSICHT: Beides funktioniert nur für eine gewisse Zeit. Wer den ganzen Tag im schattenlosen Garten herumhüpft, sollte möglichst lange Ärmel tragen! Und – na klar – sich immer wieder eincremen.

WO GIBT'S FÜRS SCHAUKELN MEDAILLEN?

Es trainiert den Gleichgewichtssinn und die Körperspannung. Medizinische Studien haben gar ergeben, dass SCHAUKELN messbar die Stimmung hebt. Eben noch mies drauf – doch nach ein paar Schwüngen sieht die Welt wieder freundlicher aus: Diese Erfahrung hast du vielleicht selbst schon gemacht. Und wenn nicht, dann achte einfach von jetzt an darauf. Und zwar, egal wie alt du bist. Denn Schaukeln tut jedem gut.

So gesehen müssten DIE ESTEN eigentlich das glücklichste und gesündeste Volk der Welt sein. Denn der Nationalsport Estlands ist das KIIKING, von estnisch „kiik" für Schaukel. Da geht es allerdings ziemlich zur Sache:

Um nicht durch die Gegend zu fliegen, werden die Sportler beim Kiiking mit Armen und Beinen festgebunden. Denn Gewinner des Wettkampfs ist, wer auf der höchsten Schaukel noch einen ÜBERSCHLAG schafft – stehend. Acht Meter sind dabei keine Seltenheit.

Von daher: BITTE NICHT auf der Gartenschaukel oder beim nächsten Spielplatzbesuch NACHMACHEN!

WAS IST EIGENTLICH RASEN?

Das Lexikon schreibt ganz nüchtern:
EINE MENSCHENGEMACHTE GRASDECKE.

Aber Moment mal, wieso menschengemacht? Tatsächlich kennt die Natur keinen Rasen. Was ihm am nächsten kommt, sind WIESEN. Beziehungsweise WEIDEN. So heißen Wiesen, wenn sie zum Beispiel durch Tiere kurz gehalten werden. So sind vermutlich auch ungefähr ab dem 18. Jahrhundert die ERSTEN RASENFLÄCHEN entstanden: als abgesteckte Weiden, auf denen etwa Schafe grasten. Anfangs waren es vor allem adlige Großgrundbesitzer, die sich rund um ihre Herrenhäuser Rasen gönnten. Seht her, drückten sie damit aus, ich kann mir so eine komplett nutzlose Fläche leisten, die zudem noch viel Arbeit macht. Erst mit der Erfindung der ersten Rasenmäher im 19. Jahrhundert fingen dann auch gewöhnlichere Leute an, den feinen Herrschaften nachzueifern. Der Rasen wurde auch für sie ein Ausdruck von Wohlstand.

WIE KANN FAULHEIT DIE NATUR SCHÜTZEN?

Rasen heißt Wohlstand? Das sehen **NATURSCHÜTZER** anders, für sie sind die Grünflächen eher Ausdruck von Armut – einer **ARMUT AN ARTENVIELFALT**. Nicht nur, weil da eben nur Gras wächst. Sondern weil es, wenn es stets gut gemäht wird, auch kaum Lebensraum für Insekten und andere Kleintiere lässt: In einem Rasen blüht nichts mehr, woran sich Bienen und Hummeln laben könnten.

Experten empfehlen daher, höchstens alle zwei, drei Wochen zum Mäher zu greifen. Besser noch, nicht mehr als zwei-, dreimal im ganzen Jahr! Das dürft ihr gern euren Eltern sagen, wenn sie euch mal wieder zum Mähdienst bitten ...

KANN DICH DIE TOMATE HÖREN?

Die Frage ist längst nicht so bekloppt, wie sie klingt. Natürlich haben Tomaten keine Ohren, genauso wenig wie Tulpen oder Apfelbäume. Trotzdem haben Forscher in den letzten Jahren immer mehr darüber herausgefunden, wie Pflanzen miteinander kommunizieren, etwa durch chemische Stoffe. So **WARNEN SIE EINANDER** vor Schädlingen oder **HELFEN SICH** bei der Suche nach Nährstoffen. Aber auch uns Menschen nehmen sie wahr. Bei einem Experiment mit 100 Teilnehmerinnen und Teilnehmern sollte eine Gruppe ihre Tomaten züchten, wie man das eben so macht: gießen, düngen, wenn es nötig ist, beschneiden. Die andere Gruppe sollte zusätzlich mit den Pflanzen sprechen, sie vielleicht auch mal streicheln.

DAS ERGEBNIS: Die Sprecher und Streichler konnten rund ein halbes Kilo mehr ernten.

WARUM HEISST DER MAULWURF SO?

Man sieht ihn nur selten, den größten Teil seines Lebens verbringt ein MAULWURF UNTERIRDISCH. Dort aber ist er ständig auf Achse und buddelt sich fröhlich durchs Erdreich. Fröhlich – und zügig: Bis zu 75 Meter schafft ein einziges Tier an einem einzigen Tag. Oder in einer einzigen Nacht: Da Maulwürfe kaum Tageslicht sehen, haben sie anders als die meisten anderen Tiere oder wir Menschen keinen festen Rhythmus, wann sie wach sind oder schlafen. Das Ergebnis der 75-Meter-Grabungen können wir dann aber sehr wohl bestaunen. Das sind die berühmten MAUL-WURFSHÜGEL, die schon manchen Gärtner in den Wahnsinn getrieben haben.

Die Maulwurfshügel haben dem Tier übrigens auch seinen Namen beschert: Das MAUL im Maulwurf geht auf ein ALTHOCHDEUTSCHES WORT zurück, das so viel wie ERDE bedeutet. Unsere Vorfahren haben die kleinen Insektenfresser also ganz treffend als ERDWERFER bezeichnet.

WER HAT DIE MEISTEN GARTENZWERGE?

An den kleinen Figuren mit ihren ZIPFELMÜTZEN scheiden sich die Geister. Die einen finden Gartenzwerge grässlich, die anderen lieben sie. Für alle Menschen, die sich nicht entscheiden können, gibt es heute aber auch Zwerge, die sich sozusagen selbst auf die Schippe nehmen: Statt mit Schaufel oder Hacke in den Händen, zeigen sie dem Betrachter einen Vogel oder haben ein Messer im Rücken stecken.

Und dann gibt es noch Menschen, die stellen sich jeden Zwerg hin, ganz egal, wie er aussieht. HELGA EIDENHAMMER ist so jemand. Die Frau aus Pfaffstätt in ÖSTERREICH sammelt die Figuren seit Jahrzehnten. Inzwischen sind es 5.000 ODER MEHR.

Die Zahlen schwanken, die man in der Zeitung, in Fernsehbeiträgen oder dem Internet findet. Fest steht: Frau Eidenhammers Garten reicht längst nicht mehr aus. Die Zwerge türmen sich in Regalen und haben mittlerweile das ganze Haus besiedelt.

WEM GEHÖREN NACHBARS ÄPFEL?

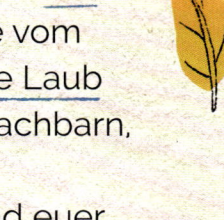

Säen, pflanzen, düngen, wässern, ernten, harken: Ein **GARTEN** macht viel Freude, aber auch ganz schön viel Arbeit! Und dann ist da noch diese große Buche vom Nachbarn, die jedes Jahr im Herbst tonnenweise Laub abwirft. Sehr viel davon aber eben nicht beim Nachbarn, sondern vielleicht bei euch. Und nun?

KURZ GESAGT: Pech gehabt, die alten Blätter sind euer Problem. Viel Spaß beim **ZUSAMMENKEHREN!** Nur in besonderen Fällen müsste ein Nachbar euch für eure Mühen eine sogenannte „Laubrente" zahlen. Nämlich wenn der Blätterregen für euch eine „wesentliche Beeinträchtigung" darstellt. Tja, doof. Allerdings gilt das Ganze auch, wenn es nicht laubschwere Buchenäste sind, die über den Zaun ragen, sondern zum Beispiel die **ZWEIGE EINES OBSTBAUMES.**

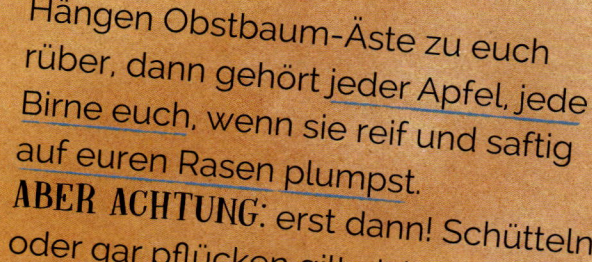

Hängen Obstbaum-Äste zu euch rüber, dann gehört jeder Apfel, jede Birne euch, wenn sie reif und saftig auf euren Rasen plumpst.
ABER ACHTUNG: erst dann! Schütteln oder gar pflücken gilt nicht!

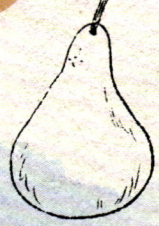

WANN DARF MEIN HAHN KRÄHEN?

Auch in unseren Städten wollen sich immer mehr Menschen selbst versorgen. Was mit den KÜCHENKRÄUTERN auf der Fensterbank beginnt, führt über die BALKONTOMATEN bis zum BIENENSTOCK im Garten. Aber wo ist Schluss? Darf ich mir ein SCHAF aufs Reihenhaus-Grundstück stellen?
Sagen wir mal so: je größer das Tier, desto schwieriger die Haltung. Ziegen, Schafe, Schweine oder gar Kühe scheiden meist aus, da kaum ein Stadtgrundstück groß genug ist. Gegen HÜHNER dagegen hat der Gesetzgeber wenig einzuwenden, solange man gewisse Auflagen befolgt. Die Nachbarschaft könnte das allerdings anders sehen, vor allem dann, wenn ein Hahn dabei ist. Wer mag schon um vier Uhr morgens von einem beherzten KIKERIKI geweckt werden?

Wenn es dann zu Streit kommt, entscheiden die Richter oft auf KOMPROMISS: Du darfst das Federvieh behalten, solange es feste Krähzeiten einhält. Die kannst du dann ja mal mit deinem Hahn besprechen …

WIESO TRINKT EIN GARTEN FÜR DREI?

Zum Trinken und Kochen, für die Dusche oder Klospülung: Ungefähr **120 LITER WASSER** benötigt hierzulande jeder Mensch an jedem Tag. Aufs Jahr gerechnet sind das an die **45.000 LITER** – oder etwa 300 Badewannenfüllungen. Eine ganze Menge. Oder viel zu viel, wie manche Umweltschützer finden, denn mancherorts ist Wasser bereits heute knapp.

Warum ich dir das gerade hier vorrechne und nicht schon im Kapitel übers Badezimmer? Weil es um einen **VERGLEICH** geht: Gartenexperten sagen, dass über alle Bepflanzungsarten hinweg – also egal ob Rasen, Blumenrabatte oder Gemüsebeet – jeder Quadratmeter Garten pro Woche rund 20 Liter Wasser benötigt.

Geht man davon aus, dass im Sommerhalbjahr etwa fünf Monate lang gegossen werden muss, „säuft" ein **DURCHSCHNITTSGARTEN** von 300 Quadratmeter Größe **RUND 120.000 LITER WASSER** im Jahr. Mit anderen Worten: So viel, als würden noch drei Menschen zusätzlich in deinem Haushalt leben!

WIE LANGE STEHT EIN BAUMHAUS?

Im Jahr 2019 zerstörte ein Feuer im US-BUNDESSTAAT TENNESSEE das bis zu diesem Zeitpunkt GRÖSSTE BAUM-HAUS DER WELT. Es hatte rund 80 Räume und erstreckte sich über fünf Stockwerke. Nach nur einer Viertelstunde war kaum mehr als Asche übrig. Aber das ist natürlich die große Ausnahme. Also beides: die Ausmaße des Hauses – und der Umstand, dass es einfach abgebrannt ist.

Unter normalen Umständen, urteilen Experten, hält ein gut gebautes Baumhaus locker 20 JAHRE, ehe größere Reparaturen fällig werden. Bei guter Pflege also deutlich länger. Und in jedem Fall so lange, dass deine Eltern noch etwas davon haben, wenn du längst ausgezogen bist.

Der absolute REKORDHALTER thront übrigens SEIT MEHR ALS 300 JAHREN in einer Linde, die im Park eines Anwesens im Westen Englands steht.

IM KELLER

Na gut, kann sein, dass du nicht wahnsinnig viel Lebenszeit im KELLER verbringst. Trotzdem ist er ein spannender Ort, an dem man viele Dinge entdecken kann. Deshalb statten wir ihm jetzt einen Besuch ab!

Es wird darum gehen, wie wir eigentlich unsere HÄUSER HEIZEN – und ob die Menschheit davon tatsächlich immer DICKER wird. Du wirst den HEIMLICHEN MITBEWOHNERN begegnen, die mit allergrößter Sicherheit auch irgendwo unter deinen Füßen zu Hause sind. Und wir müssen einmal über die vielen, vielen DINGE sprechen, die wir so über die Jahre ANHÄUFEN – und von denen nicht wenige irgendwann ihren Platz im Keller finden. Weil da eben noch Platz ist und sie niemanden stören. Denn, wie eben schon erwähnt: Wahnsinnig viel Zeit verbringt man hier unten in der Regel nicht.

Lustig übrigens, unser Wort für diesen oft so stiefmütterlich behandelten Ort bezeichnete einst etwas ganz anderes: Die **CELLA** war bei den Griechen und Römern so etwas wie das innerste Heiligtum eines Tempels. Hier stand eine Figur der Gottheit, der der Tempel geweiht war. Und ihr allein gehörte der Raum. Außer den Priestern durfte ihn nur selten jemand betreten.

WELCHE HOBBYS SIND DIE BELIEBTESTEN?

Toll, wenn man viel Platz im **KELLER** hat. Da kann man nicht nur Vorräte lagern und jede Menge Krempel unterbringen, der sonst die Wohnung verstopfen würde oder den man, schlimmer noch, sortieren müsste, um dann zu entscheiden, ob man ihn überhaupt braucht.

In einem großen Keller ist außerdem Platz zum Beispiel für eine kleine Werkstatt, für die elektrische Eisenbahn, für die Tischtennisplatte. Dann redet man vom sogenannten **HOBBYKELLER**.

Aber was sind eigentlich die beliebtesten Hobbys der Deutschen? Ein Blick in die Umfragen der letzten Jahre verrät: Erstaunlicherweise nichts, wofür man einen Keller bräuchte. Auf den ersten Plätzen stehen **SHOPPEN, GARTENARBEIT UND FOTOGRAFIEREN**.

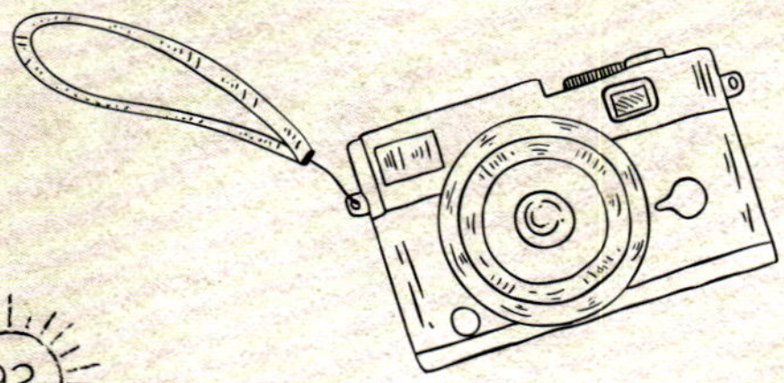

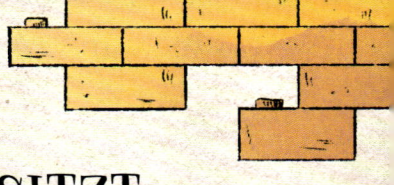

WIE VIELE DINGE BESITZT EIN MENSCH?

Vom großen Keller als Einladung zum Sachensammeln war eben schon die Rede. Aber wie viele Dinge sind es denn wirklich, die jede und jeder von uns so anhäuft, ganz gleich, ob sie oder er einen Keller besitzt oder nicht?

ACHTUNG, FESTHALTEN: Laut dem Statistischen Bundesamt, einer Behörde, die seit mehr als 70 Jahren alle nur denkbaren Daten über die Menschen in Deutschland sammelt, ordnet und auswertet, besitzt ein Mensch heutzutage **RUND 10.000 DINGE.**

So ein Quatsch, magst du jetzt einwenden. Und du magst recht haben – was dich betrifft. Denn diese Zahl ist ein **DURCHSCHNITTSWERT.** Selbst wenn du dir die Mühe machen würdest, bis zum letzten Legostein alles zu zählen, was sich in deinem Besitz befindet, und es käme nur die Hälfte raus, es würde nichts ändern. Das hieße nur, das irgendwo anders jemand wohnt, der dafür 15.000 Sachen sein Eigen nennt. Übrigens: **VOR 100 JAHREN** besaß ein durchschnittlicher Haushalt angeblich nicht mehr als 180 Gegenstände. Aber da gab es natürlich auch noch keine Legosteine ...

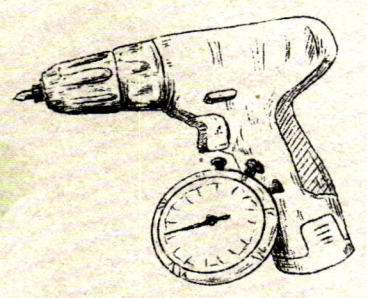

WARUM BRAUCHT MAN WENIGER WERKZEUG?

Noch mal eine interessante Rechnung: Jeder Mensch in Deutschland besitzt, wie du gerade erfahren hast, durchschnittlich **10.000 DINGE. EIN JAHR HAT 8.760 STUNDEN.** Und selbst als Schaltjahr nur unwesentlich länger. Mit anderen Worten: Für jede deiner Sachen hast du pro Jahr weniger als eine Stunde Zeit.

Klar, ganz so streng darf man das nicht rechnen. Man kann ja durchaus mehr als eine Sache zurzeit benutzen, Stichwort: Legosteine. Oder auch die Klamotten, die du am Körper trägst. Aber tatsächlich schadet es nicht, sich mal zu überlegen, wie oft und wie lange man manchen Gegenstand tatsächlich verwendet und ob es nicht vielleicht ausreichen würde, ihn sich bei Bedarf lieber zu **LEIHEN**. Ein paar Beispiele gefällig?

Nach einer Schätzung der Naturschutzorganisation **WWF** läuft ein Lötkolben eine **HALBE STUNDE**, ein Akkuschrauber **ETWA 15 MINUTEN** im Jahr. Bei der Bohrmaschine sollen es im Laufe ihres gesamten Lebens sogar **NUR 13 MINUTEN** sein.

WIE TIEF IST DER TIEFSTE KELLER?

Wenn du bei dir zu Hause in den Keller gehst, befindet sich der Boden, auf dem du stehst, vermutlich keine drei Meter unter der Erde.

Betrittst du dagegen das PARKHAUS DER OPER IM AUSTRALISCHEN SYDNEY, kannst du diesen Wert mehr als verzehnfachen: 37 METER TIEF liegt die unterste Etage. Damit gilt die Garage als tiefster Keller der Welt.

Allerdings geht es anderswo noch weiter runter, viel weiter: Auf mehr als 100 Meter bringt es eine U-BAHN-STATION IN KIEW in der Ukraine. Und wenn du mit dem Zug durch den GOTTHARD-BASISTUNNEL in der Schweiz fährst, türmen sich sage und schreibe bis zu 2.450 Meter Gestein über dir auf. Aber das gilt natürlich nicht in dieser Kategorie: Der Gotthard ist ein Berg, der Tunnel ist ein Tunnel und kein Keller.

WER LACHT IM KELLER?

Dunkel, feucht, irgendwie gruselig: Der **KELLER** genießt nicht den allerbesten Ruf.

Der Keller ist auch Gegenstand mancher Redewendungen – und selten kommt er darin sonderlich gut davon.

HA

HA

HA

Sagt man etwa über einen Menschen, er würde **ZUM LACHEN IN DEN KELLER GEHEN**, so heißt das übersetzt: Achtung, diese Person ist komplett humorlos. Die sieht man **NIE** lachen. Vielleicht weil sie es höchstens dort tut, wo es garantiert niemand sieht. Im Keller eben. Nicht schön.

Aber vielleicht noch besser als der Kollege, der angeblich **LEICHEN IM KELLER** hat. Also auch dort, wo sie niemand findet. Woher diese Redewendung kommt, ist nicht ganz klar. Zum einen gibt es natürlich viele **KRIMIS** oder Gruselgeschichten, deren Opfer hier unten enden. Zum anderen war es früher mal so, dass Kinder nicht auf dem Friedhof begraben werden durften, wenn sie noch vor ihrer Taufe starben. Dann wurden sie angeblich im Keller verscharrt. Oh, Entschuldigung … ich glaube, jetzt habe ich dem guten Ruf auch keinen Gefallen getan.

WOHER KOMMEN DIE MÄUSE?

Die Vorfahren der Hausmäuse stammen aus Indien und dem Iran. Dort wären sie vielleicht auch geblieben, hätten sie nicht gemerkt, was für ein bequemes Leben sich in der Umgebung von Menschen führen lässt. Seit diese ihre Nahrung nicht mehr gleich auffutterten, nachdem sie das Mammut erlegt oder die Beeren gepflückt hatten, sondern sich **VORRÄTE** anlegten, war für die Mäuse in ihrer Nähe der Tisch stets gedeckt. Und dieses Leben wollten sie seither nicht mehr aufgeben.

DIE FOLGE: Auf allen Kontinenten, fast überall, wo heute Menschen leben, sind auch Mäuse zu Hause. Und zwar vorzugsweise im Keller, wo nach wie vor viele Leute ihre Vorräte lagern.

WIE GROSS WIRD EINE MÄUSEFAMILIE?

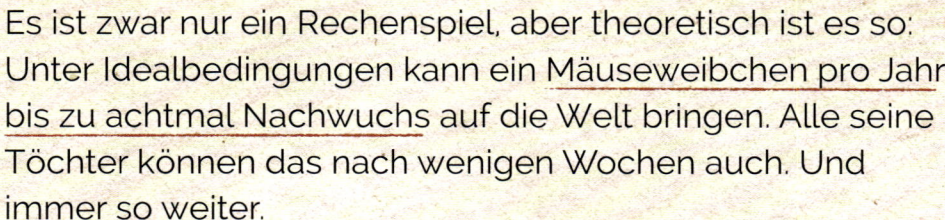

Es ist zwar nur ein Rechenspiel, aber theoretisch ist es so: Unter Idealbedingungen kann ein Mäuseweibchen pro Jahr bis zu achtmal Nachwuchs auf die Welt bringen. Alle seine Töchter können das nach wenigen Wochen auch. Und immer so weiter.

Rein rechnerisch kann die **FAMILIE DES MÄUSEWEIBCHENS** daher innerhalb von nur zwölf Monaten **AUF MEHR ALS 1.000 MITGLIEDER** anwachsen. Tut sie natürlich nicht, denn diese Idealbedingungen herrschen nirgends.

TROTZDEM: Mäuse können eine echte Plage werden, das wussten auch schon unsere Vorfahren. Daher waren sie sehr froh, als sich vor etwa 8.000 Jahren die **KATZEN** hinzugesellten und die **KORNSPEICHER** der Menschen halbwegs **MÄUSEFREI** hielten. Weil das aber nicht genügte, gibt es bis heute die verschiedensten Methoden, der Nagerplage Herr zu werden. Mal legt man den kleinen Knopfaugen Giftköder aus, mal stellt man Fallen auf. Die sogenannte Schlagbügelfalle, wie sie heute noch oft verwendet wird, wurde übrigens am 27. Juni 1899 in England zum Patent angemeldet.

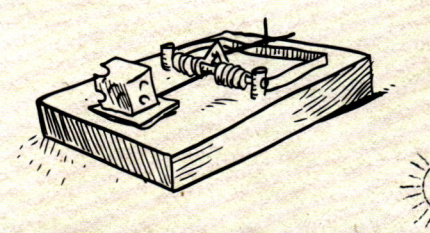

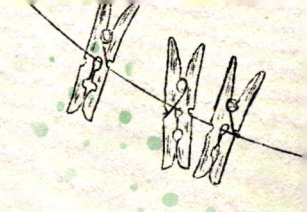

SEIT WANN KÖNNEN MASCHINEN WASCHEN?

Das musst du dir mal vorstellen: Die längste Zeit in der Geschichte der Menschheit haben wir unsere Klamotten mit der Hand gewaschen, meist an irgendeinem Flussufer. Nur die Bessergestellten, die es sich leisten konnten, hatten entweder Bedienstete, die die Wäsche für sie machten. Oder sie gaben die Schmutzkleidung in eine Wäscherei. Und dort? Wurde wieder von Hand gewaschen – und zwar fast immer nur von Frauen.

Kein Wunder, tüftelten schon vor mehr als 300 Jahren kluge Köpfe daran herum, diese anstrengende und zeit-aufwendige Arbeit irgendwie zu AUTOMATISIEREN. Den richtigen Durchbruch hatten sie aber erst Anfang des 20. Jahrhunderts, als die Apparate – wie so viele andere – plötzlich mit dieser neuen, unsichtbaren Kraft betrieben werden konnten: mit ELEKTRISCHEM STROM!

Und trotzdem, es dauerte noch Jahrzehnte, bis eine WASCHMASCHINE in jedem Haushalt so selbstverständlich war wie Tisch und Stühle.

Und auch das nicht überall auf der Welt: Schätzungen gehen davon aus, dass nicht einmal jeder dritte Mensch Zugang zu einer Waschmaschine hat. Also gern ein bisschen mehr Dankbarkeit und Ehrfurcht, wenn dein Lieblings-Shirt das nächste Mal wie von Zauberhand blütenrein und duftend aus der Trommel kommt!

WIE VIELE PUTZMITTEL STEHEN BEI DIR RUM?

Okay, bei dir steht die Waschmaschine nicht im Keller? Dann lagert ihr dort vermutlich auch nicht eure Putz- und Pflegemittel. Glasreiniger, Kloputzmittel, Waschpulver und so. Aber ob unter der Spüle oder in der Abstellkammer, irgendwo werden sie auch bei euch stehen. Mach dir doch mal den Spaß, und zähle durch, wie viele Flaschen, Kartons und Beutel du findest.

Und dann mach dir mal kurz klar: Es sind genauso viele mehr, wie ein Haushalt vor, sagen wir, 200 Jahren besaß. Damals gab es fast nichts davon, nicht einmal SCHUHCREME. Alles musste man sich SELBST ANRÜHREN – oder anrühren lassen.

Wenn du es auch mal versuchen willst: Besorge dir 50 ML OLIVENÖL, 40 GRAMM WOLLWACHS aus der Apotheke (da heißt es Lanolin) und 10 GRAMM BIENENWACHS. Letzteres gibst du in ein Glas mit Schraubverschluss und stellst dieses in ein Wasserbad, das du auf dem Herd erhitzt. Ist das Wachs geschmolzen, kommen die anderen Zutaten ins Glas. Das Ganze verrühren und ohne Deckel abkühlen lassen: fertig ist die SCHUHCREME!

WOMIT HEIZEN WIR EIGENTLICH?

Das **FEUERMACHEN** ist eine der **WICHTIGSTEN ENTDECKUNGEN** der Menschheit. Erst seit wir gelernt haben, wie man Flammen entfacht, müssen wir die Wildschweinkeule nicht mehr roh essen, können die Kartoffeln kochen und das Brot backen. Und – wir können uns in langen Wintern am Feuer wärmen! Klingt jetzt sehr nach Steinzeit, das stimmt. Aber fragt mal eure Großeltern: Als die klein waren, wurde auch noch oft auf diese Weise geheizt. Klar, da loderte kein Lagerfeuer im Wohnzimmer. Aber wahrscheinlich stand dort ein **KOHLEOFEN**.

ZENTRALHEIZUNGEN, die Wasser erhitzen und dann durch ein Rohrsystem in die Heizkörper des ganzen Hauses pumpen, gab es zwar auch schon vor 150 Jahren. Zum Standard wurden sie aber erst nach dem Zweiten Weltkrieg, als **ÖL UND GAS** der Kohle langsam den Rang abliefen.

Und heute? Sorgen die beiden noch immer für fast drei Viertel der Heizenergie. Angesichts des **KLIMAWANDELS** denken aber auch immer mehr Menschen um und suchen nach Ersatz für die CO_2-Schleudern.

MACHT HEIZUNGSLUFT DICK?

KEINE SORGE! Wenn du jetzt denkst, den Winter über wochenlang warme Heizungsluft zu atmen, ist wie die Ernährung auf Pommes und Schokolade umzustellen – so ist das natürlich nicht gemeint.

Trotzdem gibt es Forscher, die einen klaren Zusammenhang zwischen gut geheizten Wohnungen und immer dickeren Menschen sehen. Als unsere Vorfahren noch in Höhlen hausten und sich bestenfalls an einem Feuerchen wärmen konnten, waren ihre KÖRPER ständig damit beschäftigt, auf Betriebstemperatur zu bleiben, um nicht auszukühlen oder schlimmstenfalls zu erfrieren. Das aber BRAUCHT ENERGIE, VIEL ENERGIE. Und die holt sich der Körper AUS DER NAHRUNG.

Heute kommt diese Energie aus Öl, Gas und Fernwärme – aber wir futtern trotzdem noch wie Höhlenmenschen oder sogar mehr.

DIE FOLGE: Weil wir NICHT MEHR SO OFT FRIEREN, brauchen unsere Körper weniger Energie, als wir ihnen zuführen. Und der ÜBERSCHUSS wird als Speckröllchen gespeichert.

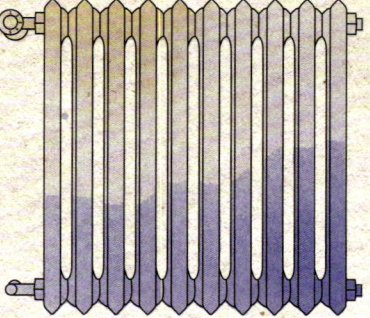

ABENDS

IM WOHNZIMMER

Die Sonne hat sich verabschiedet, vielleicht war sie den ganzen Tag nicht zu sehen. Egal, es wird Zeit, dem WOHNZIMMER einen Besuch abzustatten. Schließlich ist es derjenige Raum der gesamten Behausung, in dem wir uns – in wachem Zustand – am längsten aufhalten. Das antworteten jedenfalls knapp drei Viertel aller Befragten in einer Untersuchung zum Thema. 88 Prozent gaben zudem an, das Wohnzimmer wäre der größte aller Räume.

Na dann, schauen wir uns hier doch einmal um. Denn auch wenn jedes Wohnzimmer anders aussieht als das nächste – ein paar Dingen wirst du hier vermutlich nahezu immer begegnen: dem SOFA und dem BÜCHERREGAL, dem FERNSEHER und der ZIMMERPFLANZE.

Ja, sogar über **ORCHIDEEN UND ZIMMERPALMEN** gibt
es eine Reihe interessanter und überraschender Sachen
zu erfahren. Und dann erzähle ich dir noch, wie du einen
der fiesesten Plagegeister niederringst: den **OHRWURM**!
Hattest du lange nicht mehr? Schön für dich! Vielleicht
kann ich das ändern, hör mal: „Heute kann es regnen,
stürmen oder schnei'n!" Gern geschehen …

SAGST DU SOFA ODER COUCH?

Ob du gerade mit diesem Buch in der Hand draufliegst, dich mit der ganzen Familie in die Polster kuschelst und gemütlich einen Film guckst – oder nichts davon, weil deine Eltern in diesem Moment ein Kaffeekränzchen veranstalten: Das vielseitige Möbelstück mit den zwei Namen darf in keinem Wohnzimmer fehlen. Bei einer Umfrage kam sogar heraus, dass mehr Menschen auf eine funktionierende Internetverbindung verzichten würden als auf ihr SOFA. Oder ihre COUCH.

Aber wieso eigentlich zwei Namen? Genau genommen handelt es sich um zwei verschiedene Möbel. Das SOFA hat seinen Ursprung in den arabischen Ländern, es besitzt immer zwei Armlehnen und kann sogar Platz für vier und mehr Personen bieten. Die COUCH verdankt ihren Namen dem französischen Wort „coucher", was „liegen" heißt. Sie ist kleiner, hat manchmal nur eine oder keine Armlehne und auch am Rücken nur eine niedrige.

Aber außer dir jetzt wissen das heute meist nur noch Fachleute. Die meisten Menschen unterscheiden nicht groß – und daher sind die Begriffe inzwischen AUSTAUSCHBAR. Du darfst also weiterhin sagen, was du willst.

WELCHES SPIEL IST DAS BEKANNTESTE?

SCHNICK, SCHNACK, SCHNUCK, SCHERE, STEIN, PAPIER? Das Spiel hat viele Namen – und noch mehr Spieler: Angeblich kennen es 85 % der Weltbevölkerung, das wären fast 6,8 Milliarden Menschen. Und ich bin sicher, du gehörst auch dazu.

Doch das ist ja eher kein Spiel für einen gemütlichen Nachmittag mit der Freundin oder zu dem man sich abends mit der ganzen Familie am Wohnzimmertisch versammelt. Hier würden dann eher Schach oder Monopoly den Titel davontragen. In Deutschland vielleicht auch „Mensch ärgere dich nicht".
Übrigens: Brettspiele gelten in vielen Ländern als typisch deutsch, in den USA ist daraus sogar ein Begriff geworden. Als **GERMAN GAMES** bezeichnet man dort anspruchsvolle Spiele für die ganze Familie.
Der Vollständigkeit halber: Als erfolgreichstes Computerspiel aller Zeiten gilt **TETRIS**. Das digitale Puzzle wurde seit seiner Erfindung vor bald 40 Jahren rund eine halbe Milliarde Mal verkauft.

WO STEHEN EURE ANDERTHALB FERNSEHER?

Ganz einfach: Dort, wo man landet, wenn man Statistiken zu wörtlich nimmt. Durchschnittlich gibt es in jedem deutschen Haushalt 1,57 Fernsehgeräte. **DURCHSCHNITTLICH!**

Tatsächlich wirst du außer bei ein paar Hobbyelektronikern aber kaum halbe Geräte finden. Der Wert kommt dadurch zustande, dass die einen nur einen Apparat haben, andere dafür zwei.

Bei einer Umfrage im Jahr 2020 gaben sogar mehr als zwei Millionen Menschen an, bei ihnen zu Hause gäbe es vier oder mehr Fernseher. Die Frage ist allerdings: wie lange noch! Immer mehr Leute finden, dass sie auch **GANZ OHNE** auskommen können. Sie schauen ihre Filme und Serien stattdessen auf dem **COMPUTER** oder per **BEAMER**.

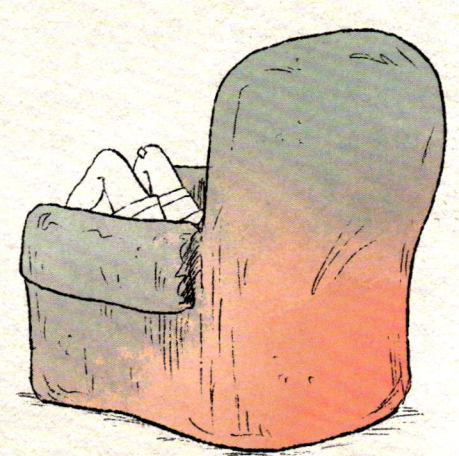

WER GUCKT AM LÄNGSTEN?

Auch wenn das Fernsehen immer mehr Konkurrenz etwa von Streamingdiensten wie Netflix, Amazon Prime oder Disney Plus bekommt, wird es noch lange zu den **BELIEBTESTEN FREIZEITBESCHÄFTIGUNGEN** gehören. Jedenfalls zeigen die Statistiken, dass die tägliche Glotzdauer seit Jahren kaum sinkt, im Durchschnitt liegt sie bei rund **DREIEINHALB STUNDEN – PRO TAG**. Aber auch hier gilt: genau hingucken! Die Zahlen gehen nämlich weit auseinander, je nach Alter der Zuschauerinnen und Zuschauer:

Während die **ÜBER 50-JÄHRIGEN** sogar auf unfassbare **FÜNFEINHALB STUNDEN** täglich kommen, ist es bei **KINDERN UNTER 13** Jahren **NICHT EINMAL EINE**. Tendenz sinkend, vor 20 Jahren waren es noch gut anderthalb.

WIE VIELE BÜCHER MACHEN KLUG?

Neben Sofa, Sesseln und dem Fernseher gehört zur Grundausstattung der meisten Wohnzimmer auch ein BÜCHERREGAL. Durchschnittlich 151 Bände stehen darin in einem deutschen Haushalt. Und auch hier gilt wieder, das weißt du ja nun, Durchschnitt heißt nicht mehr als Durchschnitt. Wenn dein Nachbar 302 Bücher besitzt, könntest du ohne ein einziges sein – und der Schnitt stimmt trotzdem.

Wobei: Erstens gehört dir ja wahrscheinlich mindestens dieses Buch hier. Und zweitens wette ich, dass allein deine Bibliothek noch viel umfangreicher ist.

Studien haben ergeben, dass KINDER, die in Haushalten mit vielen Büchern aufwachsen, eine – Achtung! – durchschnittlich um 3,2 Jahre längere Ausbildung genießen als ihre lesemuffligen Altersgenossen. Mit anderen Worten: Bücherfans studieren viel häufiger nach der Schule noch.

WARUM BEGANN VOR 150 JAHREN ALLE WELT ZU LESEN?

Wieso erst vor 150 Jahren? Gelesen wurde schon Jahrtausende davor. Jedenfalls von allen, die es konnten. Das stimmt natürlich. Die Sache hatte nur bis dahin einen großen Haken gehabt: Sobald die Sonne unterging, war es in aller Regel **ZU DÜSTER**, um noch ernsthaft in einem Buch oder einer Zeitung blättern zu können. Geh mal nachts in die Küche und öffne die Kühlschranktür. Schon das **BISSCHEN LICHT**, das dort herausstrahlt, ist mehr, als ein Durchschnittshaushalt sich einst an Beleuchtung durch Kerzen, Öllampen und dergleichen leisten konnte.

Das änderte sich **AB DER MITTE DES 19. JAHRHUNDERTS** mit der Erfindung und Verbreitung der Gas- und später elektrischen Beleuchtung. Plötzlich konnte **JEDER ZU JEDER ZEIT** ein gutes Buch lesen. Und wollte das auch!

Und natürlich nicht nur das: Man kann gar nicht überschätzen, wie die **ELEKTRISCHE BELEUCHTUNG** das Leben der Menschheit verändert hat. Denn was fürs Lesen gilt, gilt ganz genauso zum Beispiel für viele Arbeiten, die nun in den Fabriken rund um die Uhr erledigt werden konnten.

WIE KOMMT DIE PALME AUF DIE FENSTERBANK?

Der Preis für die beliebteste Topfpflanze geht an – Achtung, Trommelwirbel: die ORCHIDEE! Eigentlich eine ziemlich sonderbare Idee: Da werden irgendwo in fernen Landen zarte Schösslinge aus ihrer Heimaterde gebuddelt, damit wir sie uns später zu Hause auf die Fensterbank stellen können. Wer hat sich das eigentlich ausgedacht? TOPFPFLANZEN konnten Altertumsforscherinnen und -forscher tatsächlich schon für das alte Ägypten, Rom und China nachweisen. Allerdings hielten sich die Menschen damals nur das, was auch vor ihren Türen spross.

Doch mit Beginn der ENTDECKUNGSFAHRTEN ab dem 15. Jahrhundert brachten die Seeleute aus allen Winkeln der Welt immer neue exotische Gewächse mit – und ihre Zeitgenossen auf den Geschmack. Vor rund 200 Jahren wurde daraus dann eine regelrechte Mode. Es war schick, Pflanzen zu halten, die VOM ANDEREN ENDE DER WELT stammen.

Daran hat sich bis heute nichts geändert. Auch wenn man inzwischen kein Schiff mehr auf die Reise schicken muss, um an eine hübsche Orchidee, Zimmerpalme oder Birkenfeige zu gelangen: Die meisten Arten werden mittlerweile BEI UNS GEZÜCHTET.

WAS MACHT DER TEPPICH AN DER WAND?

Unsere frühesten Vorfahren waren ja schon froh, überhaupt ein Dach über dem Kopf zu haben und Mauern, die sie vor Wind, Wetter und anderen Gefahren schützten. Wie das Ganze aussah, war dabei oftmals schnuppe.

Über die Gestaltung der Wände machte sich nur Gedanken, wer es sich leisten konnte. **ADLIGE** zum Beispiel. Die kamen **IM MITTELALTER** auf die Idee, die nackten Wände ihrer Burgen ein bisschen heimeliger zu gestalten, indem sie zum Beispiel kunstvoll geknüpfte **WANDTEPPICHE** aufhängten. Eine Mode, die sie sich im Orient abgeguckt hatten.

Weil das natürlich wahnsinnig aufwendig und **TEUER** war, wurde bald nach Alternativen gesucht. Wandverkleidungen aus Leder, Pergament und schließlich Papier kamen auf den Markt. Nur eines blieb: der Name. Auch wenn, anders als bei seinem nahen Verwandten, dem Bodenbelag, aus der Bezeichnung **TEPPICH** über die Jahrhunderte **TAPETE** wurde.

WIE VIEL MUSIK HÖRST DU?

Wissenschaftlerinnen und Wissenschaftler haben in Versuchen herausgefunden, dass MUSIK die Ausdauer steigert. Mit dem richtigen Song im Ohr läufst du schneller oder radelst weiter. Doch was beim Sport gilt, funktioniert nicht überall. Deine Hausaufgaben dauern länger, dudelt im Hintergrund die Lieblingsband. Denn auch das haben Forschungen ergeben: MUSIK verringert die Merkfähigkeit. Und wie ist das nun bei dir? Vielleicht gehörst du zu den Menschen, die ohne Klangtapete nicht leben können und die Kopfhörer höchstens zum Schlafen ablegen. Vielleicht bist du das Gegenteil.

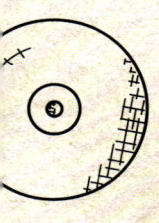

Fest steht, alle zusammen kommen wir auf durchschnittlich 21,5 STUNDEN MUSIKHÖREN pro Woche. Die knappe Hälfte davon spielt aus dem Radio, ein Viertel von der Festplatte oder Musik-Streamingdiensten wie Spotify, Deezer oder Apple Music. CD und Co. spielen kaum noch eine Rolle.

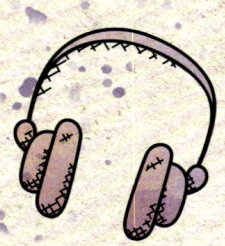

WARUM MAG EIN OHRWURM KEIN KAUGUMMI?

Einen **OHRWURM** hattest du mit Sicherheit schon mal. Also eine **MELODIE IM KOPF**, die du mindestens für ein paar Minuten nicht mehr loswirst. In harten Fällen kann es sogar Wochen dauern, bis der Wurm verschwindet. Besonders gemein: Es ist dabei egal, ob du zu den Dauerhörern zählst oder Musikmuffel bist. Denn es kann dich immer und überall erwischen. Einzige Voraussetzung, das Lied löst irgendwelche Gefühle in dir aus – ganz gleich ob gut oder schlecht. Dem Wurm hilft es auch, so sagen Musikwissenschaftler, wenn man das Stück häufiger hört. Etwa eine Erkennungsmelodie im Radio. Und wenn es einen Text dazu gibt. Denn das Wortverständnis verstärkt die Speicherung von Melodien, haben die Forschenden herausgefunden.

Doch wie wird man den Ohrwurm los? Die beste Medizin heißt **KAUGUMMI**. Denn durch die **STÄNDIGE KIEFERBEWEGUNG** werden die Zentren im Gehirn unterbrochen, die fürs Singen zuständig sind. Als würdest du dem Radio im Kopf den Strom abstellen.

WESHALB KÜHLT EIN VENTILATOR NICHT?

Was hilft an **HEISSEN SOMMERTAGEN**, wenn gerade kein Freibad in der Nähe ist? Der Kühlschrank ist es nicht, das hatten wir in der Küche schon geklärt. Doch wie sieht es mit dem **VENTILATOR** aus? Der ist ja nun schließlich gemacht, um für Abkühlung zu sorgen! Und vielleicht steht oder hängt bei dir zu Hause im Wohnzimmer ja auch so ein Ding herum.

Dann mach doch mal ein Experiment: Schalte den Ventilator ein, nimm ein Thermometer und halte es in den Luftstrahl, den dir der Propeller entgegenbläst. Was passiert? Nichts, die Temperatur bleibt, wie sie ist. Aber warum fühlst du trotzdem eine **ANGENEHME ABKÜHLUNG**?

Ganz einfach: Der Luftzug des Ventilators sorgt dafür, dass der **SCHWEISS** auf deiner Haut **SCHNELLER VERDUNSTET**. Und dabei entsteht die sogenannte **VERDUNSTUNGSKÄLTE**.

IM ESSZIMMER

Zeit fürs **ABENDBROT**, setz dich gern schon mal an den Esstisch. Vielleicht kommt gleich auch der Rest der Familie? Hoffentlich, denn gemeinsame Mahlzeiten sind wichtig und gut für das Zusammenleben: Alle sind beieinander und können von ihrem Tag berichten. Du kriegst mit, was deine Eltern oder deine Geschwister gerade beschäftigt – und umgekehrt.

Oder ihr habt euch andere interessante Dinge zu erzählen. Wusstest du zum Beispiel, wo **RÜLPSEN** zum guten Ton gehört? Und was das **WICHTIGSTE NAHRUNGSMITTEL DER WELT** ist? Oder seit wann wir eigentlich von **TELLERN** essen? Das alles und noch mehr erfährst du im folgenden Abschnitt. Genieße die Häppchen. Und wenn du magst, nimmst du das ein oder andere mit zur nächsten gemeinsamen Mahlzeit – schon habt ihr super Gesprächsstoff.

Wichtig ist nur, dass ihr alle euch ausreichend Zeit fürs Essen nehmt. Hastiges Futtern lässt dich nämlich gern mal aufstoßen, als hättest du eine Literflasche Cola auf einen Schlag getrunken. Apropos Zeit: Viereinhalb Jahre des Lebens verbringt ein Mensch im Schnitt mit Essen. Kochen, Tischdecken und Abwaschen noch gar nicht miteingerechnet.

SEIT WANN GEHÖREN FÜßE AUF DEN TISCH?

UNGEFÄHR SEIT 500 JAHREN. Warum dir das bisher keiner gesagt hat? Wahrscheinlich, weil die Rede hier nicht von den Körperteilen ist, die in deinen Schuhen stecken – sondern von der ringförmigen Standfläche, auf der die meisten Teller stehen. Auch die heißt FUSS. Die Vertiefung in der Mitte, auf die du dir die Nudeln schaufelst, ist der Spiegel. Der Rand, der gern mal als Ablage für alles herhalten muss, was man nicht mag, wird Fahne genannt.

Fuß, Spiegel und Fahne ergeben zusammen eben – DEN TELLER. Und der kam tatsächlich ERST IM 16. JAHRHUNDERT in Mode, natürlich mal wieder an den Tafeln der Reichen und Mächtigen. Das gemeine Volk aß noch lange Zeit weiterhin aus Schüsseln oder von Brettern.

WAS ENDET UM ZWANZIG NACH VIER?

DEIN ESSEN! Für diese Antwort benötigst du keinen Benimmratgeber oder musst die Schule für Servierkräfte durchlaufen, nein, das sollte eigentlich jeder draufhaben, der halbwegs gut erzogen wurde:

ZWANZIG NACH VIER heißt, dass du deine Mahlzeit beendet hast. Komische Uhrzeit, denkst du jetzt vielleicht, da gibt es doch bestenfalls Kaffee und Kuchen? Stimmt, es ist auch keine Uhrzeit und wird auf keinem Zifferblatt angezeigt – sondern auf deinem Teller. Und zwar, indem du **MESSER UND GABEL NEBENEINANDER HINLEGST, ALS WÄREN SIE DIE ZEIGER.**

Machst du hingegen nur eine kleine Pause oder willst deinem Gastgeber signalisieren, dass du gern Nachschlag hättest, verschiebe das Besteck auf zwanzig nach acht.

WOZU GIBT ES GABELN?

Das heute so alltägliche Besteckteil hat lange gebraucht, sich an unseren Tischen durchzusetzen. Denn eigentlich geht es ja gut ohne Gabel: Sind die Happen zu groß, zerschneide ich sie mit dem Messer. Ist die Nahrung zu flüssig, greife ich zum Löffel. Und für alles andere gibt es die Finger! Oder?

DIE ERSTEN GABELN sahen eher wie Spieße aus und waren auch gar nicht als Besteck gedacht. Sie dienten dazu, den Braten übers Feuer zu halten. Oder um damit den Teller zu befüllen.

Angeblich soll schon in der **ANTIKE** der eine oder die andere, die es sich leisten konnten, mit Gäbelchen gespeist haben, um sich die Finger nicht schmutzig zu machen.

Aber spätestens im **CHRISTLICHEN MITTELALTER** war der Trend wieder vorbei. Da galten Gabeln vielen Menschen gar als Teufelszeug. Die Dinger sahen schließlich haargenau aus wie der **DREIZACK**, den der Leibhaftige in der Hölle schwingen soll. Erst vor rund 500 Jahren fingen die Wohlhabenden wieder an, **GABELN** zu benutzen. Und natürlich, das hast du jetzt schon ein paar Mal lesen können, machte es ihnen das gemeine Volk irgendwann nach, sodass die Gabel schließlich ihren gleichberechtigten Platz am Tisch neben Messer und Löffel gefunden hat.

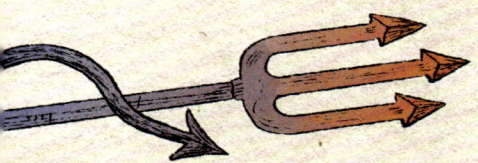

WAS ESSEN KINDER AM LIEBSTEN?

So ziemlich jede Umfrage, die in den vergangenen Jahren dazu gemacht wurde, kommt zu demselben Ergebnis:

Unangefochten auf Platz eins der Lieblingsessen stehen **NUDELN**, vorzugsweise Spaghetti.

Die Teigwaren sind also so etwas wie das Bayern München unter den Lebensmitteln. Um die übrigen Champions-League-Plätze streiten sich **PIZZA, POMMES UND PFANNKUCHEN** in wechselnder Rangfolge. Jedenfalls bei Kindern in Deutschland.

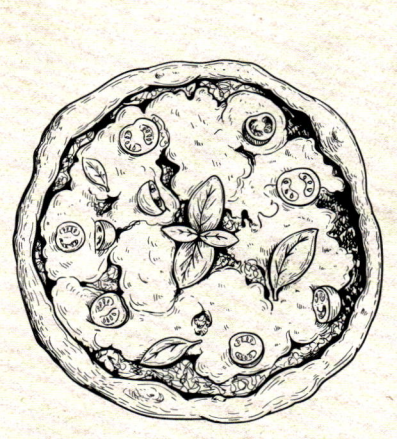

WAS IST DAS WICHTIGSTE NAHRUNGSMITTEL?

Auf deiner persönlichen Liste stehen neben den bereits erwähnten Spaghetti vielleicht Schokolade und Kartoffelchips. Aber du ahnst vielleicht, die Antwort fällt anders aus. Sie lautet: GETREIDE. Genauer gesagt REIS, MAIS UND WEIZEN. Allein diese drei decken rund zwei Drittel des Nahrungsbedarfs der gesamten Weltbevölkerung, für vier von fünf Menschen weltweit stellen sie die GRUNDNAHRUNGSMITTEL dar.

Und trotzdem – für den ersten Platz reicht es nicht. Denn dort steht unverrückbar: WASSER! Jeder von uns braucht 1,5 bis 2 Liter am Tag. Ohne Wasser gibt es kein Leben. Ohne Getreide schon. Auch wenn es natürlich hart wäre, Spaghetti werden schließlich auch aus Weizen gemacht.

WARUM MUSS MAN RÜLPSEN?

Die Limo zu hastig in den Hals gegossen, zu schnell das Essen verdrückt, zu viel dabei geredet – oder gar alles zusammen. Dann **STAUT SICH LUFT IM MAGEN** und sucht sich irgendwann den schnellsten Weg nach draußen: mit einem herzhaften **RÜLPSER**.

Oder nur mit einem unterdrückten Zischen. Denn wahrscheinlich hat man auch dir von klein an beigebracht, dass sich das **NICHT** gehört. Jedenfalls nicht am Esstisch. Was hilft da? Langsamer essen und trinken, weniger dabei sprechen.

Oder auswandern: Es gibt viele Länder auf der Erde, wo das Rülpsen wortwörtlich zum guten Ton gehört. In **CHINA** etwa zeigt man seinen Gastgebern auf diese Weise, dass es **GESCHMECKT** hat!

BÜRP!

WESHALB STEHEN SALZ UND PFEFFER AUF DEM TISCH?

Genau! Warum nicht, sagen wir, Kümmel und Zimt? Im Fall von Salz ist die Antwort recht eindeutig:

Salz gibt mehr als Geschmack, **SALZ IST FÜR UNSEREN KÖRPER LEBENSWICHTIG.**

Die längste Zeit haben die Menschen eher zu wenig Salz zu sich genommen als zu viel. Die feinen Kristalle übers Essen zu streuen, diente also nicht nur der geschmacklichen Verfeinerung – sondern der eigenen Gesundheit. Lange war Salz auch schwer zu beschaffen und dadurch echt wertvoll, sodass es zudem ein Ausdruck von Wohlstand war, sich ein Schälchen auf den Tisch stellen zu können. Nicht umsonst sprach man **IM MITTELALTER** auch vom „weißen Gold"! Noch viel wertvoller waren jedoch die meisten Gewürze. Schon allein, weil sie bei uns nicht wachsen, sondern mühsam und unter Gefahren aus dem Fernen Osten herangekarrt und -geschifft werden mussten. Zeitweise soll **PFEFFER** gar mit Gold aufgewogen worden sein.

Dass ausgerechnet Pfeffer nun neben dem Salz auf unseren Tischen steht, ist allerdings kaum mehr als Gewohnheit. Damit haben die **ALTEN RÖMER** angefangen, damit hat – wer es sich leisten konnte – nie aufgehört. Es hätte aber genauso gut Kümmel oder Zimt sein können.

WARUM SITZEN WIR WIE KÖNIGINNEN UND KÖNIGE?

Vier Beine, Sitzfläche, Lehne: eigentlich keine sonderlich komplizierte Konstruktion, so ein STUHL. Eine Spülmaschine oder ein Raumschiff zu bauen, ist jedenfalls anspruchsvoller. Und trotzdem hat der allergrößte Teil der Menschheit die allerlängste Zeit nicht auf Stühlen gesessen. Sondern auf dem BODEN, auf DECKEN oder Fellen oder auch auf BÄNKEN. Bänke? Wer Bänke herstellen kann, kriegt doch auch einen Stuhl hin, denkst du jetzt vielleicht. Stimmt sogar. Und Stühle gibt es ja auch schon seit Tausenden von Jahren. Aber die waren fast immer den HERRSCHENDEN vorbehalten.

Die ägyptischen Pharaonen, die Kaiser und Könige des Mittelalters, alle hockten sie auf ihren PRUNKVOLLEN THRONEN. UND NUR SIE! Der einzelne STUHL war ähnlich wie die Krone oder das Zepter – ein Symbol der Herrschaft.

WO IST DAS DIENSTMÄDCHEN GEBLIEBEN?

Irre, noch vor kaum mehr als 100 Jahren war DIENSTMÄDCHEN der häufigste Beruf, den Frauen hierzulande ausübten. Das lag damals natürlich auch daran, dass einfach noch nicht so viele Frauen überhaupt einen Beruf hatten. Trotzdem gehörte es selbst bei ganz normalen Leuten damals einfach dazu, dass man jemanden hatte, der sich von früh bis spät um den Haushalt kümmerte: Kochen, Putzen, Aufräumen und so weiter. Tolle Vorstellung, ein Dienstmädchen zu haben? Geht so, jedenfalls aus Sicht der Hausangestellten. Die hatten nämlich kaum Rechte, keine geregelten Arbeitszeiten und nur ein schmales Einkommen. Nicht gerade ein Traumjob! So gesehen ist es also EIN ECHTER FORTSCHRITT, wenn wir heute unseren Esstisch selbst decken müssen. Aber global betrachtet alles andere als eine Selbstverständlichkeit:

Mehr als 50 MILLIONEN MENSCHEN arbeiten noch immer weltweit als Hausangestellte, oft unter Bedingungen, die bei uns zum Glück undenkbar geworden sind.

WAS SPART EINE SPÜLMASCHINE?

Essen fertig, und nun? Tisch abräumen und GESCHIRR SPÜLEN! Lange Zeit war das reine Frauenarbeit. Ganz egal, ob das Dienstmädchen ranmusste oder, in späteren Zeiten, die Familienmutter selbst Hand an Teller und Tassen legte. Voll ungerecht! Das dachte sich wahrscheinlich auch die Amerikanerin JOSEPHINE COCHRANE und erfand im Jahr 1886 kurzerhand die SPÜLMASCHINE. Deren Nachfolger stehen heute in fast drei Viertel aller Haushalte hierzulande.

Dort sparen sie vor allem eines: ZEIT! Und Streit: Es gibt seither keine leidigen Diskussionen mehr, wer den Abwasch machen muss. Ob die Automaten auch WENIGER STROM UND WASSER verbrauchen als menschliche Geschirrspüler? Da scheiden sich leider die Geister. Eine moderne Maschine, vorbildlich beladen und auf das passende Programm eingestellt, soll aber tatsächlich sparsamer Spülen als unsereins.

WIE LANGE BLEIBT DAS ESSEN IM KÖRPER?

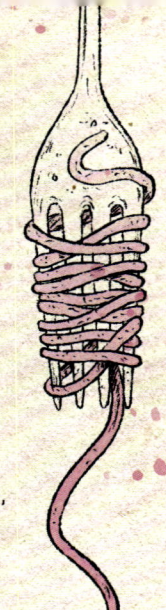

Sobald du dir eine Gabel mit Spaghetti in den Mund steckst, beginnt dein Körper mit der Verarbeitung. Schon deine Spucke enthält Stoffe, die den zerkauten Nahrungsbrei anverdauen. So hat der MAGEN weniger Arbeit.

Trotzdem behält er das Essen bis zu mehrere Stunden bei sich, ehe er es weiter in den DARM schickt.

Daher soll man ja auch nicht erst direkt vorm Schlafengehen essen und auch nicht zu viel oder zu fett. Denn arbeitet der Magen auf Hochtouren, bringt der Schlaf keine Erholung – falls man überhaupt schlafen kann!

Im DARM bleiben die Reste der Spaghetti von eben dann noch viel länger. Bis sie schließlich in die Kloschüssel plumpsen, vergehen locker mal drei Tage, manchmal kann es gar eine knappe Woche sein!

ZURÜCK IM KINDERZIMMER

Der Tag neigt sich dem Ende zu, es wird Zeit ins BETT zu gehen. Hier schließt sich nun der Kreis, und du stehst wieder in deinem eigenen Zimmer. Doch wo heute früh alles ganz schnell gehen musste, hast du nun sicher mehr Zeit.

Vielleicht schreibst du noch in dein TAGEBUCH. Wie … du hast keines? Dann solltest du auf jeden Fall einmal drüber nachdenken, eines zu beginnen. Warum, das kommt gleich. Ebenso, weshalb LESEN VOR DEM EINSCHLAFEN eine wirklich gute Sache ist – noch auf Handy oder Tablet zu glotzen, dagegen nicht.

Ehe du nun dein müdes Haupt auf dein hoffentlich
WEICHES KISSEN bettest (die aus Stein sind ja zum Glück
längst aus der Mode, wie du hier auch erfahren wirst),
wünsche ich dir gute Unterhaltung und noch ein paar
Aha-Momente in diesem abschließenden Kapitel. Und
schließlich **EINE GUTE NACHT**. Die solltest du dir übrigens
auf keinen Fall davon verderben lassen, dass du sie nicht
allein verbringst, sondern mit Hunderttausenden anderen,
die sich in deinem Bett mindestens so wohlfühlen wie du.

WARUM SOLLTE JEDER MENSCH TAGEBUCH SCHREIBEN?

SAMUEL PEPYS war vor rund 350 Jahren ein englischer Beamter und Politiker. Heute wäre sein Name vergessen, hätte Pepys nicht TAGEBUCH geschrieben. Die mehr als 3.000 Seiten gelten als eine der wichtigsten und detailreichsten Informationsquellen für die Geschichte Englands im 17. Jahrhundert. Schön, denkst du jetzt vielleicht, aber was interessiert mich, ob die Leute in 350 Jahren meine Aufzeichnungen lesen oder nicht! Stimmt, und das sollte auch nicht der Grund sein, ein Tagebuch anzufangen. Im Gegenteil:

Tagebuch schreibt man ja in der Regel FÜR SICH SELBST und sonst niemanden. Es hilft nämlich sehr, da sind sich viele Expertinnen und Experten einig, die Erlebnisse des Tages einzuordnen. Dinge besser zu verstehen, die dich ärgern oder traurig machen. Am Ende hilft es dir sogar, DICH SELBST BESSER ZU VERSTEHEN.

Untersuchungen zufolge schreiben übrigens zwei Drittel der Mädchen ab 15 Jahren regelmäßig Tagebuch, bei den Jungs immerhin jeder Fünfte. Und wann fängst du an?

WESHALB BRAUCHST DU EINEN SCHIEBER, UM DEINE HOSE AUSZUZIEHEN?

Fast wie in einem zuschnappenden Haifischmaul greifen seine **ZAHLLOSEN ZÄHNE** ineinander. Anders als bei den Beißern des Meeresräubers braucht es jedoch einen sogenannten **SCHIEBER**, um sie wieder zu trennen: Ein kleiner Keil in dessen Innern fährt zwischen die Zähne und drückt sie auseinander.

> Haifisch? Schieber? Wovon hier eigentlich die Rede ist? Natürlich vom **REISSVERSCHLUSS**! Noch so eine kleine Erfindung, der wir selten die Aufmerksamkeit schenken, die sie verdient.

Dabei musst du nur mal kurz überlegen, wie eine Welt ohne Reißverschlüsse aussehen würde (beziehungsweise bis vor nicht einmal 100 Jahren aussah): unfassbar umständlich! Die Hose? Knöpfen! Das Kleid? Mit Schnüren und Schleifen verschließen! Umständlich, zeitaufwendig, nervig …
UND HEUTE? Der Schlafsack, die Reisetasche, das Federmäppchen? Selbst Taucher- und Astronautenanzüge kommen ohne die **PRAKTISCHEN ZAHNREIHEN** nicht mehr aus. Und wasser- und luftdicht sind die auch noch.

WER SCHLÄFT ALLES IN DEINEM BETT?

Wo liest du das hier gerade – im Bett, gemütlich unter die Decke gekuschelt? Was du jetzt vielleicht nicht so gern hörst: Du bist dabei nicht allein. Denn die MATRATZE, deine DECKE, dein KISSEN werden von Hunderttausenden winziger Tierchen BEWOHNT. Unter Idealbedingungen können es sogar zehn Millionen sein, mehr, als die Schweiz Einwohner hat!

Die stecknadelkopfkleinen HAUSSTAUBMILBEN fühlen sich im Bett nämlich ebenso wohl wie du. Hier ist es warm, ein bisschen feucht durch deinen Schweiß. Und die Hautschuppen, die du ständig verlierst, sowie die Daunenfüllung deines Kopfkissens sind einfach unwiderstehlich leckere Milbenmahlzeiten.

Doch bevor du jetzt panisch aufspringst und künftig wie unsere Vorfahren auf dem Fußboden schläfst: Erstens sind MILBEN WINZIG, sonst wären sie dir selbst schon mal aufgefallen, und zweitens sind sie komplett HARMLOS. Nur Allergikern bereiten sie manchmal Ärger. Wenn du dein Bett trotzdem gern ein bisschen mehr für dich hättest, helfen ein paar Tricks. Was Milben nämlich gar nicht mögen, sind Kälte und Trockenheit. Nach dem Aufstehen ordentlich DURCHLÜFTEN und das BETT AUFDECKEN ist schon ein guter Anfang.

WIE KOMMT DER LURCH UNTER DEINEN SCHRANK?

Nur wegen ein paar (Millionen) Hausstaubmilben das Bett aufzugeben, ist noch aus einem anderen Grund keine schlaue Idee. Denn ganz gleich, wo du nachsiehst: HAUSSTAUB IST ÜBERALL – und damit auch die Milben. Aber wo kommt der ganze Staub eigentlich her? Kurze Antwort: SO ZIEMLICH VON ÜBERALL! Die Hautschuppen, die dir ständig vom Körper rieseln, hatte ich schon erwähnt. Hinzukommen Kleiderfussel, Brotkrümel, Haare, Pflanzenpollen, Milbenkot, die Überreste toter Milben, Bakterien und anderer Kleinstlebewesen, Sand, Ruß aus der Luft, Toner aus Laserdruckern und Kopierern und vieles, vieles mehr.

Pro Person entstehen jedes Jahr 130 GRAMM HAUSSTAUB. Manchmal und vor allem in Ecken, wohin Staubsauger oder Besen nur mit Mühe kommen, etwa UNTER BETTEN UND SCHRÄNKEN, ballt sich das alles durch Luftzug und elektrostatische Aufladung zu immer größeren Flocken zusammen. Das sind dann die berühmten WOLLMÄUSE, oder wie man in Österreich sagt: LURCHE.

WARUM LEGEN WIR UNS INS BETT?

Matratze auf den Boden, hinlegen, Augen zu – und ich bin sicher, du pennst genauso gut und fest, als hättest du dich ein paar Handbreit erhöht in ein Bett gefläzt. Auch praktisch: Unter einer Matratze können sich keine Lurche und Wollmäuse einnisten.

WOZU ALSO DER AUFWAND? Ganz einfach, weil diese „Tierchen" noch nie ein ernstliches Problem für die Nachtruhe waren, andere Mitbewohner hingegen schon.

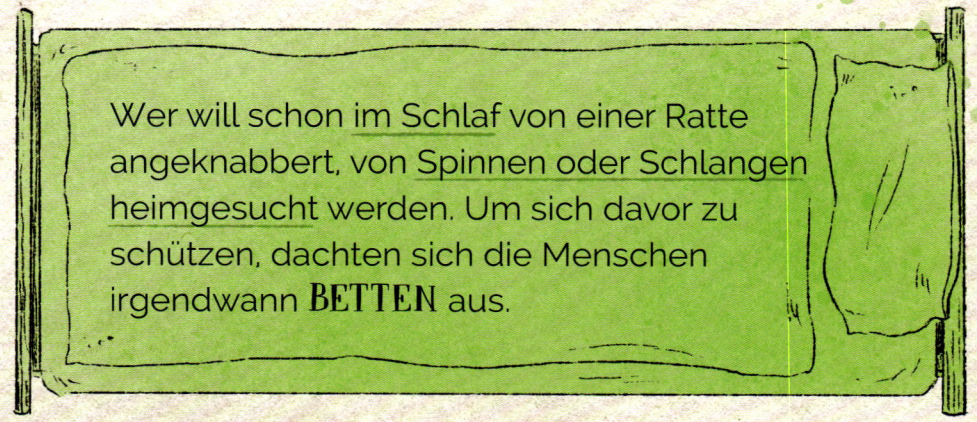

Wer will schon im Schlaf von einer Ratte angeknabbert, von Spinnen oder Schlangen heimgesucht werden. Um sich davor zu schützen, dachten sich die Menschen irgendwann **BETTEN** aus.

Fortan war es für ungebetene nächtliche Besucher zumindest schwieriger. Allerdings blieb das **BETT**, wie so vieles andere, von dem in diesem Buch schon zu lesen war, lange Zeit Luxus der Reichen und Mächtigen.

WER MAG KOPFKISSEN AUS STEIN?

Ich denke, wir sind uns einig: Ein KISSEN hat weich und fluffig zu sein, gefüllt mit Daunen oder Schaumstoff. Schließlich soll der Kopf SANFT darauf RUHEN. Und zwar auch noch, wenn du dich von der Seite auf den Rücken wälzt und wieder zurück. Das heißt, es muss sich in seiner Form immer fein anpassen. Das ist natürlich schwierig, wenn das „KISSEN" AUS STEIN besteht.

Und trotzdem waren Steinkissen lange Zeit in Mode – unter anderem bei den ALTEN ÄGYPTERN. Die legten ihren Nacken nachts auf eine Stütze aus Stein oder Holz. Besonders bequem war das natürlich nicht.

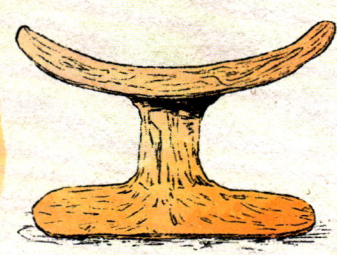

Was sollte das also? Archäologen haben dazu schon die verschiedensten Vermutungen angestellt. Manche sagen, mit den STEINKISSEN wurden die kunstvollen Frisuren geschont, die sie sonst platt gelegen hätten. Andere glauben, durch die Erhöhung sollte verhindert werden, dass den Schlafenden des Nachts Käfer, Spinnen oder schlimmer ins Gesicht krabbeln. Schließlich schlief man damals noch auf dem Boden und nicht in Betten. Für diese Vermutung spricht, dass viele der Steinkissen mit Abbildungen von Schutzgöttern verziert waren.

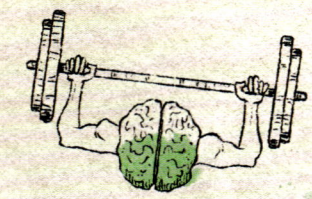

WARUM SOLLTEST DU VOR DEM EINSCHLAFEN LESEN?

Egal, ob dieses Werk hier oder irgendein anderes: LESEN MACHT SCHLAU, da sind sich alle einig – von deiner Lehrerin bis zu den klügsten Köpfen der Hirnforschung. Und zwar nicht nur, weil du dabei ständig Neues erfährst: Wer regelmäßig in ein BUCH guckt, TRAINIERT SEIN GEHIRN, es bildet neue Zellen und verbessert deren Verbindungen untereinander.

MIT ANDEREN WORTEN: Lesen ist für dein Oberstübchen wie Sport für die Muskeln. Mit dem Unterschied, dass Sport den Körper mächtig in Wallung bringen kann – was vorm Einschlafen keine gute Idee ist. LESEN hingegen bewirkt das Gegenteil:

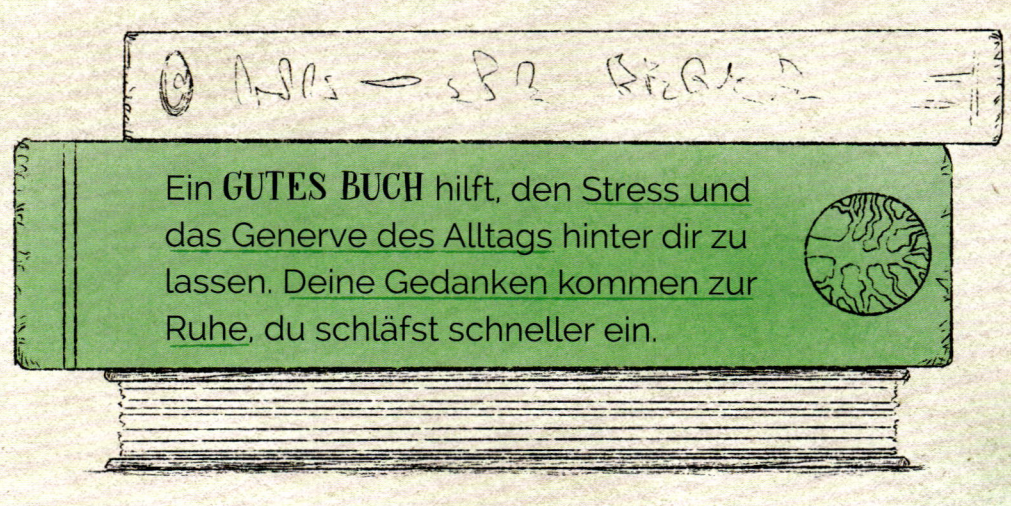

Ein GUTES BUCH hilft, den Stress und das Generve des Alltags hinter dir zu lassen. Deine Gedanken kommen zur Ruhe, du schläfst schneller ein.

WESHALB SOLLTEST DU OHNE HANDY ODER TABLET INS BETT GEHEN?

Noch ein paar Videos gucken, eine Runde daddeln oder ein Gute-Nacht-Chat mit den Freundinnen? Besser nicht! Zahlreiche Untersuchungen zeigen, dass das HANDY IM BETT nicht nur dazu führt, dass Kinder und Jugendliche weniger schlafen – sondern dass sie auch schlechter schlafen.

Ein entscheidender Grund, warum du abends nicht mehr ins Handy schauen solltest, ist das HELLE, OFT KALTE UND BLÄULICHE LICHT, das die Bildschirme abstrahlen. Es sorgt nämlich ziemlich erfolgreich dafür, dass dein Gehirn kein Melatonin ausschüttet. Dieses HORMON steuert unter anderem den menschlichen Tagesrhythmus und sorgt abends dafür, dass wir MÜDE werden.

JA, RICHTIG: Das gilt auch für Erwachsene, schönen Gruß an deine Eltern. Jedoch ist die Wirkung bei Heranwachsenden stärker. Denn deren PUPILLEN SIND GRÖSSER und lichtdurchlässiger. Wenn du also aufs Handy glotzt, kriegst du eine größere Dosis Melatoninhemmer ins Gehirn gestrahlt.

WARUM WACHSEN KAUM NOCH EISBLUMEN?

Schneeflöckchen, Weißröckchen: Das Lied kennt jedes Kind. Aber hast du dich schon mal gefragt, was für Blumen das Flöckchen da eigentlich an dein Fenster malen soll? Gemeint sind EISBLUMEN. Als der Text vor etwa 150 Jahren entstand, waren die noch alltäglich. Heute sind sie beinahe „ausgestorben". Aber warum? Und was ist das eigentlich? Brillenträger kennen das: Wenn sie aus der Kälte ins Warme kommen, beschlagen ihnen die Gläser. Das Gleiche kann mit Fensterscheiben geschehen, wenn draußen Frost herrscht und drinnen geheizt wird.

An der Scheibe kühlt die Luft ab, kann nicht mehr so viel Feuchtigkeit speichern wie vorher – und gibt diese ab. Sie schlägt sich auf dem Glas nieder. Ist dieses besonders dünn, kann die Temperatur auf der Innenseite der Scheibe UNTER DEN GEFRIERPUNKT fallen. Dann werden die feinen Tröpfchen zu Eiskristallen – und es wachsen wunderschöne Muster, die sogenannten EISBLUMEN.

Heutzutage, wo es fast nur noch gut isolierte Mehrfachverglasung in unseren Fenstern gibt, die den Frost draußen hält, klappt das leider nicht mehr. Ergänzung für Klugscheißer: So wie in dem berühmten Lied hat es auch früher selten geklappt. Eisblumen wachsen in der Regel innen. Ganz egal, was Weißröckchen draußen macht!

KANNST DU 25 JAHRE SCHLAFEN?

Bevor du nun dieses Buch aus der Hand legst und die Augen zumachst, noch ein kleines Rechenspiel: Dornröschen hatte 100 Jahre lang gepennt, ehe der Prinz sie weckte. Aber das ist natürlich ein Märchen. Wie sieht es eigentlich in echt aus? Experten empfehlen, dass **SCHULKINDER** pro Nacht zwischen **NEUN UND ELF STUNDEN** schlafen, Erwachsene kommen bei uns im Schnitt auf knapp über sieben Stunden.

DAS HEISST: Du wirst in deinem Leben vermutlich zwischen 24 und 26 Jahre verschnarchen.

Aber 25 Jahre am Stück – das geht natürlich **NICHT**. Und wäre dir sicher auch viel zu langweilig.

MARTIN VERG, Jahrgang 1971, ist Journalist und Autor. Nach mehr als zehn Jahren als Chefredakteur der Kinderzeitschrift GEOlino schreibt der studierte Historiker inzwischen vor allem und am liebsten Bücher für junge Leserinnen und Leser – von leicht verrückten Krimis bis zu Sachtiteln. In denen schlägt sich seine eigene Neugier an den unterschiedlichsten Themen nieder: Mal geht es um Natur oder Nachhaltigkeit, mal um Geschichte oder, wie in diesem Fall, die kleinen und großen Rätsel des Alltags.

Nebenher steht er ab und zu als Musiker oder Moderator auf Bühnen und als Podcaster im Studio. Martin Verg ist Mitglied der »Elbautoren«, das Hamburger Netzwerk der Kinder- und Jugendbuchautor*innen.

MIRIAM KAISER wurde 1988 in Velbert-Langenberg geboren und schloss 2015 ihr Illustrationsstudium in Hamburg ab. Dort lebt sie heute und hat als Illustratorin und Grafikerin bereits für verschiedene Buch- und Zeitschriftenverlage sowie Online-Redaktionen und eine Gärtnerei gearbeitet.

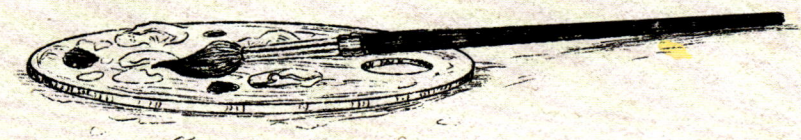

BILDNACHWEISE

Folgende Illustrationen wurden unter Lizenz von Shutterstock.com verwendet:

Seite 20: © zaroxshyj (Zerbrochene Scheibe)
Seite 21: © Milta (Fenster)
Seite 26: © ArtMari (Waschmaschine)
Seite 28: © charnsitr (Jeansstoff), © samui (Italien-Umriss),
Seite 29: © robuart (Goldkette)
Seite 37: © nikiteev_konstantin (Zahnbürste)
Seite 39: © Anatolir (Zahnbürsten), © Alexander_P (Sanduhr)
Seite 45 und 78: © Tatiana Ol'shevskaya (Shampoo)
Seite 50: © AngryBrush (Biene)
Seite 51: © Morphart Creation (Eisschrank)
Seite 54: © malaha3 (Kühlschrank)
Seite 58: © suesse (Brot)
Seite 66: © Oleksandr Panasovskyi (Zylinderschloss),
© artemiya (Fingerabdruck)
Seite 68: © KiraDesign (Handschellen)
Seite 70: © Smolnik_draw (Sandalen)

Wozu braucht das Klo 'ne Brille?
Verrückte Fragen – verblüffende Antworten
ISBN 978-3-96129-215-8

Edel Kids Books
Ein Verlag der Edel Verlagsgruppe
Copyright © 2021 Edel Germany GmbH,
Neumühlen 17, 22763 Hamburg
www.edel.com

1. Auflage 2021

Konzept und Text: Martin Verg
Illustration, Layout und Satz: Miriam Kaiser
Umschlaggestaltung: ZeroMedia
Lektorat: Karin Bischoff
Projektkoordination: Rebecca Hirsch
Herstellung: Frank Jansen
Druck und Bindung: optimal media GmbH, Röbel/Müritz

Printed in Germany

Umweltschutz jetzt — für unsere Zukunft!

Mit Beiträgen von vielen prominenten Klima-Aktivist*innen

Martin Verg, Meike Rathgeber und Schirin Shahed
Das große Buch für Weltretter
ab 10 Jahren | 176 Seiten
ISBN 978-3-96129-149-6

Jede*r kann die Welt verändern!

101 Ideen zum Nach- und Selbermachen

Aubre Andrus
101 einfache Wege, die Welt zu retten
ab 9 Jahren | 112 Seiten
ISBN 978-3-96129-135-9